Paul Wohlfeil

The Lay of Havelok the Dane

ein Beitrag zur mittelenglischen Sprach- und Litteraturgeschichte

Paul Wohlfeil

The Lay of Havelok the Dane
ein Beitrag zur mittelenglischen Sprach- und Litteraturgeschichte

ISBN/EAN: 9783743424517

Hergestellt in Europa, USA, Kanada, Australien, Japan

Cover: Foto ©ninafisch / pixelio.de

Manufactured and distributed by brebook publishing software (www.brebook.com)

Paul Wohlfeil

The Lay of Havelok the Dane

The Lay of Havelok the Dane.

Ein Beitrag zur mittelenglischen Sprach- und Litteraturgeschichte.

Das me. Gedicht: „The Lay of Havelok the Dane" ist uns nur in einer Hs. überkommen. Dieselbe befindet sich in der Laudian Collection der Bodleiana zu Oxford, wo sie unter der alten Nummer K. 60 und der jetzigen Misc. 108 verzeichnet ist. Ausser unserem Gedichte, welches sich auf fol. 204—219 b befindet, enthält die Hs. noch 69 andere Erzählungen, darunter die „Vitae Sanctorum" und „The Romance of King Horn".

Das allgemeine Interesse, welches unser Gedicht in sprach- und litterargeschichtlicher Beziehung bietet, wird durch seine bereits zweimal veranstalteten Ausgaben zur genüge bekundet. Die erste derselben geschah i. J. 1828 durch Sir Frederick Madden und führt den Titel: The Ancient English Romance of Havelok the Dane, accompanied by the French Text: with an introduction, notes, and a glossary, by Frederick Madden, Esq., F. A. S. F. R. S. L., Sub-Keeper of the MSS. in the British Museum. Printed for the Roxburghe Club, London. W. Nicol, Shakspeare Press MDCCCXXVIII". Die fast nur für die Mitglieder des „Roxburghe Club" in beschränkter Zahl gedruckten Exemplare dieser Ausgabe wurden jedoch bald eine litterarische Seltenheit. Infolgedessen veranstaltete nach 40 Jahren Skeat für die Early English Text Society eine zweite Ausgabe unter dem Titel: „The Lay of Havelok the Dane, by the Rev. Walter W. Skeat, M. A. London. Published for the Early English Text Society; Extra Series IV. 1868". Diese Ausgabe konnte wegen der Unzugänglichkeit der ersteren dem grammatischen Teile der vorliegenden Abhandlung nur allein zu Grunde gelegt werden.

Ausser diesen vollständigen Veröffentlichungen der Hs. sind einzelne Bruchstücke des Gedichtes gedruckt worden von: Zupitza, alt- und mittelenglisches Übungsbuch, XXV (v. 1—183); Morris and Skeat, Specimens of Early English Bd. II (v. 339—748); Wülker, altenglisches Lesebuch, I. p. 81 ff. (v. 2052—2265).

Die Hs. ist von Skeat in seiner Ausgabe des Gedichtes Pref. § 26 ausführlich beschrieben worden. Dieselbe weist leider infolge eines zwischen fol. 211—212 verloren gegangenen Blattes von v. 1445—1624 eine inbezug auf die Vollständigkeit des Gedichtes immerhin nicht unbedeutende Lücke auf. Wenn Skeat ihr auch das Zeugnis ausstellen mag: „On the whole, the writing is very clear and distinct, after a slight acquaintance with it" man begegnet dennoch einer nicht geringen Zahl von Ungenauigkeiten der Schreibweise und Schwierigkeiten der Interpretation, die eine Reihe von Verbesserungen und Erklärungen des Textes notwendig gemacht haben. Die meisten solcher Konjekturen und Interpretationen hat Zupitza in Haupts Zeitschrift, XIX, p. 124—129 und in der Anglia I, p. 468—473 geliefert. Sodann hat Wülker zu den von ihm a. a. O. abgedruckten Versen p. 161 ff. Textverbesserungen und erläuternde Anmerkungen gegeben. Schliesslich hat Stratmann in den Engl. Stud. I. p. 424—426 mehrere bereits vorgeschlagene Verbesserungen begründet und denselben einige neue hinzugefügt.

Von den in den englischen Litteraturgeschichten dem „Lay of Havelok the Dane" zu teil gewordenen Besprechungen sei als beste und eingehendste nur die in Ten Brinks Geschichte der englischen Litteratur I. p. 289 ff. erwähnt. Wir finden daselbst neben einer Inhaltsangabe auch einige ästhetische Bemerkungen über den litterarischen Wert des vorliegenden Gedichtes.

Bezüglich der Arbeiten grammatikalischen Charakters ist ist vor allem auf die treffliche Einleitung Skeats zu seiner Ausgabe des Havelok zu verweisen, an deren Schluss er eine kurze Charakteristik der Sprache giebt, die sich jedoch nur auf die auffälligsten Erscheinungen der Formenlehre und wenige orthographische Bemerkungen der Lautlehre beschränkt. Später hat Franz Ludorff in seiner Giessener Dissertation: „Über die Sprache des altenglischen lay Hauelok þe Dane", die in Münster 1873 erschien, in grade nicht eingehender und erschöpfender Weise eine Grammatik des Havelok zu geben versucht. Mit der nicht fern liegenden Begründung, dass von dem Verfasser der letztgenannten Arbeit „die Lautlehre nicht eingehend genug behandelt worden ist", hat sodann Ludwig Hohmann seine Abhandlung „Über Sprache und Stil des altenglischen Lai Hauelok þe Dane", Marburg 1886, veröffentlicht, um auf Grund der Lautlehre, die S. 1—18 behandelt wird, den Dialekt des Havelok festzustellen; der grössere Teil der Arbeit beschäftigt sich mit dem Stil des Gedichtes.

Diese beiden Arbeiten würden, falls sie ihr Ziel erreichten, den zweiten Teil der vorliegenden Abhandlung überflüssig machen. Indessen kann der Arbeit von Ludorff, der, wie Zupitza in seiner Recension Zeits. f. österr. Gymnasien 1874, p. 595 sagt, seiner Aufgabe garnicht gewachsen war, schwerlich das Lob einer nennenswerten wissenschaftlichen Leistung gezollt werden. Hatte Zupitza a. a. O. die sprachlichen Kenntnisse des Verfassers „durch einige wenige ohne besonderes Suchen ausgehobene Proben" schon zur genüge gekennzeichnet, so führte ein eingehendes Studium unseres Gedichtes mich zu der Überzeugung, dass die Arbeit weder auf Vollständigkeit noch auf Korrektheit irgend welchen Anspruch erheben kann. Ich nehme daher in der vorliegenden Abhandlung auf diese Arbeit nur wenig oder garnicht Bezug.

Die Dissertation von Hohmann hat die Arbeit Ludorffs bereits zum Teil dadurch ersetzt, als sie eine ausführlichere Prüfung der Lautverhältnisse geliefert hat. Sie beging jedoch insofern einen Fehler, als sie auf Grund der Lautlehre allein eine Dialektsbestimmung vorzunehmen wagte: denn die Formen- und Flexionslehre, mag dieselbe für die Dialektsbestimmung auch nur in zweiter Linie in Betracht kommen, bildet hierbei doch immerhin ein nicht unwesentliches Moment und durfte daher, um zu einem endgültigen Resultat gelangen zu können, hier schlechterdings nicht unberücksichtigt bleiben. Um einer diesbezüglichen weiteren Begründung überhoben zu sein, glaube ich wohl nur an Ed. Mall's Einleitung zu „The Harrowing of Hell" und an Theod. Wissmann's „Untersuchungen zum King Horn" erinnern zu brauchen. Somit mag denn der zweite Teil der vorliegenden Arbeit, der sich zur Aufgabe gestellt hat, die Flexions- und Formenlehre des Havelok möglichst eingehend darzustellen, um auf Grund derselben den Dialekt unseres Gedichtes als den bereits allgemein anerkannten des Ost-Mittellandes zu erhärten, als eine Vervollständigung der Hohmannschen Arbeit hingenommen werden.

Der erste Teil dieser Abhandlung soll die Frage zum Gegenstand der Erörterung haben, ob wir in Havelok, dem Helden unseres Gedichtes, eine historische Persönlichkeit zu erblicken haben. Im Bejahungsfalle wird sich daran notwendiger Weise die zweite Frage schliessen, zu welcher Zeit die Geschichte eine derartige Persönlichkeit aufweist, eine Frage, inbetreff deren die bisher geäusserten Ansichten so bedeutend von einander abweichen, dass sie sich wohl einer näheren Untersuchung lohnt.

Eine Beantwortung dieser beiden Fragen, namentlich der letzteren, wird jedoch ohne das Hinzuziehen der beiden anderen Fassungen der Haveloksage schlechterdings nicht möglich sein. Ich will daher derselben gleich an dieser Stelle Erwähnung thun. Bekanntlich giebt es ausser der bereits erwähnten englischen Fassung der Haveloksage noch zwei französische. Die erstere, das „Lai d' Havelok" ist zuerst von Sir Fr. Madden in seiner englischen Ausgabe des Havelok p. 105—146, später von Francisque Michel unter dem Titel; „Lai d' Havelok le Danois" Paris 1833 veröffentlicht worden und befindet sich ausserdem in der von Th. Wright, London 1850, veranstalteten Ausgabe Gaimars, App. p. 3—34. Die zweite französische Fassung ist die in Geffrei Gaimar's „Estorie des Engles" erhaltene Bearbeitung, wie sie uns bei Madden a. a. O. p. 147—180, in vol. I der „Monumenta Historica Britannica", p. 764 ff., der bereits erwähnten für die Caxton Society von Th. Wright herausgegebenen Publikation Gaimars und in „Lestorie des Engles solum la translacion Maistre Geffrei Gaimar. Ed. by the late Sir Thomas Duffus Hardy and Charles Trice Martin. Vol. I. London 1888. 8°." vorliegt. Über das Verhältnis dieser beiden französischen Fassungen hat Max Kupferschmidt in Böhmers Rom. Stud. Bd. IV. p. 411: „Die Haveloksage bei Gaimar und ihr Verhältnis zum Lai d' Havelok" eine eingehende Untersuchung geführt.

I. Das Historische im Lay of Havelok the Dane.

Von den drei uns überkommenen Fassungen der Haveloksage wird mit Fug und Recht behauptet, dass keine derselben Anspruch auf Originalität erheben kann, dass vielmehr alle drei direkt oder indirekt aus einer Quelle geschöpft haben, die zu entdecken bisher leider niemandem vergönnt gewesen ist. Was den näheren Charakter dieser hypothetischen Quelle anbetrifft, so sei folgendes erwähnt:

Auf die Unwahrscheinlichkeit, dass das französische Lai auf eine bretonische Quelle zurückgehe, wie man aus V. 21 „Q'un lai en firent li Breton" schliessen könnte, hat schon Thomas Wright in seiner Ausgabe Gaimars App. p. 3 hingewiesen, indem er sagt: „Much has been written on the subject of the Breton lays, and it still remains very unsatisfactory. They were so much talked of by the French and English poets of the Middle Ages, that the phrase became proverbial, and was used frequently without any definite meaning. Such is the case here; for it is not at all likely that there was any Breton lay on the subject of Havelok". In ähnlicher Weise hat nach Wright sich Hallam, Lit. of Europe, 6th ed. 1860, vol. I. p. 36 ausgesprochen: „The word Breton, which some critics refer to Amorica, is here applied to a story of mere English birth". Dieser Ansicht ist auch Skeat beigetreten, der in seiner Ausgabe des Havelok, Preface § 4 sagt: „From the fact that it is entitled a Lai, and from the assertion of the poet — „Qe vn lai en firent li Breton" — „whereof the Britons made a lay" — we easily conclude that it was drawn from a British source. From the evident connection of the story with the Chronicle called the Brut, we may further conclude that by Breton is not meant Amorican, but belonging to Britain". In dieser und ähnlicher Weise hat in neuerer Zeit von französischen Gelehrten auch Gaston Paris in der Romania VII. p. 1 ff und VIII. p. 29 sich geäussert. Nach alledem scheint mir kein Zweifel mehr darüber zu herrschen, dass die überdies nur sehr schwach vertretene Ansicht, das französische Lai gehe auf eine bretonische Quelle zurück, durchaus unhaltbar ist. Wir werden vielmehr auf jeden Fall ein englisches Original anzunehmen haben, unbeschadet dessen, ob wir mit Skeat der Ansicht sein mögen, dass das französische und englische Lay beide unmittelbar aus derselben englischen Quelle geschöpft haben, oder mit Kupferschmidt die Überzeugung haben, dass das französische Lay und Gaimars Bearbeitung der Sage nicht direkt auf dieses englische Original, sondern auf eine verloren gegangene, in achtsilbigen Reimpaaren geschriebene französische Romanze zurückgehen, die ihrerseits erst dem Original entnommen ist.

Nicht minder wie das Original ist auch der Stoff der Sage durchaus englischen Ursprungs. Zu diesem Schlusse berechtigt uns, abgesehen von dem in der That englischen Gehalt des Gedichtes, nicht nur die allgemeine Annahme, dass die Sage zuerst in Lincolnshire, einem Gebiete dänischer Ansiedler, entstanden ist, die Thatsache, dass die Stadt Grimsby in ihrem Siegel, welches Skeat in § 19 der Preface seiner Havelokausgabe ausführlich beschreibt, das Andenken an die Haveloksage noch jetzt bewahrt, sondern vor allem der Umstand, dass wir in dem Gedichte wirklichen geographischen Boden

unter uns haben. Mit Hinzuziehung dieser Gründe möchte ich
Skeats Behauptung „From every point of view, whether we
regard the British tradition, the Anglo-Norman version, or
the version printed in the present volume, the story is wholly
English" auch zu der meinigen machen.

Was die Entstehungszeit der Sage betrifft, so erscheint
es zweckmässig, zunächst das Alter der uns überkommenen
drei Versionen festzustellen und von diesem aus einen Schluss
auf das des Originals zu ziehen. Wir wissen, dass das englische Lay um 1280 entstanden ist. Ebenso ist mit ziemlicher
Gewissheit erwiesen, dass Gaimar seine Chronik „Estorie des
Engles" um 1150 geschrieben hat. Über die Abfassungszeit
des französischen Lais gehen die Meinungen auseinander. Skeat,
der wie Madden das französische Lai für die älteste uns erhaltene Fassung der Haveloksage und Gaimars Darstellung
für eine Kürzung derselben hält, setzt ihre Entstehungszeit in
die erste Hälfte des zwölften Jahrhunderts. Dieser zuerst von
Madden ausgesprochenen Ansicht war schon Fr. Michel in seiner
Ausgabe des „Lai d'Havelok" Einl. p. III. Anm. 2 entgegen-
getreten: „Le style du Lai d'Havelok nous paraît d'une
époque bien postérieure à celui de Geoffroi Gaimar, et par
conséquent du XIIIe siècle. Nous sommes confirmés dans cette
certitude par M. l'abbé de la Rue, dont l'opinion fait loi en
pareille matière." In neuerer Zeit hat Kupferschmidt a. a. O.
namentlich auf Grund einer Untersuchung der Reime ebenfalls
festgestellt, dass das französische Lai unmöglich vor dem An-
fang des 13. Jahrhunderts entstanden sein kann. Daraus geht
hervor, dass Gaimar das Lai nicht benutzt haben kann, dass
ferner nicht das Lai d'Havelock, sondern Gaimars Bearbeitung
die älteste uns erhaltene Fassung der Haveloksage ist. Infolgedessen dürfte das vermutliche Original der Sage, zumal wenn
wir mit Kupferschmidt die Ansicht teilen, dass die französischen
Bearbeitungen erst indirekt durch eine in achtsilbigen Reimpaaren verfasste Romanze aus der englischen Quelle geschöpft
haben, nicht nach der Mitte des elften Jahrhunderts entstanden
sein. Dieses Resultat stimmt mit der Vermutung ten Brinks
überein, dass die Sage einen gewissen Abschluss wohl erst nach
Knut dem Grossen gefunden habe.

Es bedarf, wie ich glaube, keiner weiteren Auseinander-
setzung, dass wir in Havelok einen Helden dänischer Nationalität
zu erblicken haben. Nun können aber die Dänen das Interesse
der Engländer schwerlich vor der Zeit ihrer siegreichen Einfälle, die bekanntlich am Ende des 8. Jahrhunderts begannen
aber erst im folgenden Jahrhundert einen grösseren Umfang

annahmen, erweckt haben. Mithin dürfte der Ursprung unserer Sage gewiss nicht vor dem 9. Jahrhundert zu suchen sein.

Wir haben auf diese Weise zwei Zeitgrenzen gefunden, innerhalb deren die Haveloksage entstanden sein muss. Diese Zeit vom 9.—11. Jahrhundert, in der England ununterbrochen von den Dänen heimgesucht wurde und zeitweise sogar unter ihrer Herrschaft stand, scheint überdies für die Entstehungszeit unserer Sage sehr geeignet, denn bekanntermassen sind derartige Einfälle, die die Umkehrung aller bestehenden Verhältnisse eines Landes zur Folge haben, die fruchtbarsten Zeiten zur Aussaat neuer Mythen und Sagen. So wie unsere deutsche Heldensage in der Völkerwanderung, jener ungeheuren Bewegung der Nationen, ihren tiefwurzelnden Grund fand und sich um Etzel und Dietrich krystallisierte, wie die Karlssage dem neuen Weltreich Karls des Grossen ihre Entstehung verdankte, so haben auch die dänischen Invasionen den Stoff zu jener Romanze geliefert, wie sie uns im Havelok vorliegt. Wir dürfen daher wohl überzeugt sein, dass die Haveloksage einen guten Teil historischen Kernes in sich birgt, ja dass wir es mit Havelok selbst als einer historischen Persönlichkeit zu thun haben. Mag man nun auch auf den ersten Blick mit ten Brink der Meinung sein, „dass der Sage eine Brücke fehlt, die von den Personen und Ereignissen der Fabel zur Geschichte oder zur älteren Volkssage hinüberführt — zum wenigsten eine Brücke fehlt, der wir uns ohne Gefahr anvertrauen können —", so ist dennoch nicht die Möglichkeit zu bestreiten, dass es mit Hülfe der mittelalterlichen Chronisten gelingen könnte, das historische Fundament zu finden, auf dem die Haveloksage gebaut und sich schliesslich zu der uns vorliegenden Gestalt entwickelt hat. Dieser Ansicht stand schon Skeat nicht fremd gegenüber, wenn er a. a. O. sagt: „The various allusions to the story of Havelok already cited naturally lead us to consider the question as to what date we should refer such circumstances of the story as may have some foundation in truth, or such circumstances as may have originated the story. I do not look upon this as altogether a hopeless or profitless inquiry, for it seems to me that a theory may be constructed which will readily and easily fit in with most of the statements of our authorities."

So weit mir bekannt geworden sind bisher von den verschiedenen Gelehrten hauptsächlich folgende Hypothesen über die Regierungszeit Haveloks aufgestellt worden:

Skeat sowohl wie Madden setzen Havelok in die Zeiten Aethelberts von Kent, Aethelfriths und Eadwins von Northumbrien, also in das 6. Jahrhundert. Beide Gelehrte glauben weniger Gewicht darauf legen zu müssen, ob wir in Havelok einen dänischen oder nur einen einheimischen Feind der Angeln zu sehen haben; sie sind der Ansicht, dass Havelok höchst wahrscheinlich nur ein Fürst einer kleineren Grafschaft gewesen sei, und betrachten die ganze Sage als ein am Ende des 6. Jahrhunderts entstandenes poetisches Erzeugnis, in das verschiedene andere Erzählungen Northumbriens und Lindeseys zusammengeflossen sind. Zur Aufstellung einer solchen Hypothese bewog sie vor allem der Umstand, dass in den beiden französischen Versionen der Sage Gunter, Haveloks Vater, ein besiegter Feind König Arturs genannt wird, dass ferner Adelbrigt und Edelsie der Gaimarschen Bearbeitung, die mit dem Ekenbright und Alsi des französischen, dem Athelwold und Godrich des englischen Lays identisch sind, in Waces Brut nach dem Tode Constantins aufgeführt sind. Da nun aber, wie Kupferschmidt a. a. O. gezeigt hat, der Brut sowohl wie Gaimar auf ein und dieselbe Quelle zurückgehen, von Adelbright und Edelsie überdies in keiner anderen Chronik zu dieser Zeit Erwähnung gethan wird, so muss diese Beweisführung von vorn herein als hinfällig erscheinen. Ebensowenig ist die Stichhaltigkeit des ersten Grundes anzuerkennen, da wir schwerlich den beiden französischen Fassungen allein darin Glauben schenken dürfen, dass Haveloks Vater Gunter mit Artur im Kriege verwickelt gewesen sei, zumal das englische Lai, das doch nach allgemeiner Annahme direkt auf das Original zurückgeht, dieses Umstandes an keiner Stelle gedenkt. Aber was könnte natürlicher erscheinen, als dass zu einer Zeit, wo in Frankreich sich Roman auf Roman drängte, man sich mit Eifer und Vorliebe dem Sagenkreise des Artur zuwandte, wo auch unsere beiden französischen Versionen entstanden sind, der französische Bearbeiter bemüht war, auch unsere Sage irgendwie mit Artur in Beziehung zu bringen?

Nicht zum geringen Teil auf Grund dieser Ansichten von Madden und Skeat hat Daniel H. Haigh in „The Conquest of Britain by the Saxons" London 1861 folgende Daten für die wichtigsten Ereignisse der Sage aufgestellt, die hier erwähnt sein mögen, trotzdem ihre Unhaltbarkeit aus dem Vorhergehenden notwendiger Weise folgt: 487 Haveloks Vater erschlagen; 507 Fahrt nach Dänemark; 511—531 Regierung in England.

In demselben Jahre, als Skeats Ausgabe des Havelok erschien, hat Kristian Köster in „Sagnet om Havelok Danske" Copenhagen 1868 die schon von Grundtvig, North. Myth. 1832

p. 565 ausgesprochene Vermutung zu rechtfertigen gesucht, dass Havelok mit dem dänischen König Amlet d. i. Hamlet zu identifizieren sei. In wie weit und wie wenig dies dem Verfasser gelungen ist, hat schon Skeat Pref. § 17 genügend gezeigt, so dass ich hier einer weiteren Kritik überhoben zu sein glaube.

In neuerer Zeit hat Gustav Storm in einem Aufsatz „Havelok the Dane and the Norse King Olaf Kuaran", der zuerst in „Christiania Videnskabsselskab Forhandlinger" 1879. No. 10 erschien, dann in den Engl. Studien III. p. 533 wieder abgedruckt wurde, eine neue Hypothese aufgestellt, die meines Erachtens von allen bisherigen den grössten Anspruch auf Wahrscheinlichkeit zu erheben berechtigt ist. Den hierin ausgesprochenen Ansichten möchte ich mich im grossen und ganzen anschliessen, wenn gleich in manchen Beziehungen ich nicht mit ihnen übereinstimmen kann.

Bekanntlich führt der Held unserer Sage in dem englichen Lay nur den Namen „Havelok"; in den beiden französischen Versionen begegnen wir ihm aber auch mit dem Beinamen „Cuaran". Vgl. Le Lai d' Havelok le Danois (ed. Wright) v. 813 ff.:

„Haveloc, sire, sui nomez,
Et Coaran fui r' appellez
Quant en la curt le roi estoie
Et de sa quisine servoie."

Gaimars Anglo-Norman Metrical Chronicle (ed. Wright) v. 611 ff.:

„Dist li prodom, „Cum as-tu nun?"
„Sire, ne sai", sil li respont,
Mès cum jo fui en la curt grant,
Si m' apelerent Cuherant;
E tant cum jo fui valleton,
Sai ben que Haveloc oi à nun.
A Grimesby fui l' altr' er,
Haveloc m' apelat Alger;
Ore sui içi, quel ke voldrez
De ces dous nuns m'apelerez."

Wie namentlich aus diesen letzten Versen hervorgeht, scheinen beide Namen ohne Unterschied in der Anrede üblich gewesen zu sein. Über ihre Bedeutung und Etymologie s. Skeat Pref. § 25 und Storm a. a. O. Beide Namen sind auch in nur wenig veränderter Gestalt den mittelalterlichen Chroniken durchaus nicht unbekannt; selbstverständlich können die aus der Sage selbst geschöpften Reimchroniken hierbei nicht in Betracht kommen.

So finden wir in der Mitte des 10. Jahrhunderts in der angelsächsischen Chronik und in den Annalen von Ulster „Anlaf Cuaran", den Sohn Sihtriks, eines Königs von Northumbrien; derselbe begegnet unter dem Namen Anlaf allein auch in den meisten anderen me. Chroniken. Dass dieser Name Anlaf etymologisch mit Havelok identisch ist, hat schon Skeat in seiner Ausgabe des Havelok Pref. p. XVIII Anm. 1 und p. XIX Anm. 2 keineswegs bezweifelt, vgl. auch Storm a. a. O. In dieser Hinsicht werden wir durch „the chronicle of the Princes of Wales, Brut y Tywysogion", bestärkt, die sich in vol. I der Monumenta Historica Britannica befindet und einzeln unter dem Titel „Annales Cambriae" von John William ab Ithel London 1860 herausgegeben ist; hier führt Anlaf, der Vorgänger unseres Anlaf Cuaran, den Namen „Abloyc" (A. D. 940), ein Name, der in der Form Abloec noch dreimal begegnet und zwar 959: The sons of Abloec devastated Caer Gybi and Lleyn, 988: Glumaen, son of Abloec was killed, 1013: In Dublin Sitruc, son of Abloec was king. Die etymologische Identität dieser welschen Namensformen Abloyc und Abloec mit Havelok leuchtet ohne weiteres ein. Wenn so schon in sprachlicher Beziehung an einer Identität beider nicht vieles auszusetzen bliebe, so weist die Geschichte dieses Anlaf Cuaran mit dem Havelok Cuaran unserer Sage soviele gleichartige Züge auf, dass wir auf Grund derer allein auf eine geschichtliche Identität zu schliessen berechtigt wären.

Die Geschichte*) überliefert uns, dass Anlaf bald nach dem Tode seines Vaters (i. J. 927) von Athelstan aus Northumbrien vertrieben wurde und zum König Constantin von Schottland, einem seiner dänischen Verwandten, floh. Er fand dort willige Aufnahme und Unterstützung und heiratete König Constantins Tochter. Diese Verbindung hatte eine Vereinigung aller Dänen in England mit den Schotten und den ihnen benachbarten Reichen gegen Athelstan zur Folge. Anlaf langte mit einer grossen Flotte auf dem Humber an und bemächtigte sich der Stadt York wie einer väterlichen Erbschaft. Nachdem er Eadmund, dem Nachfolger Athelstans, bei Tamworth (943) eine entscheidende Niederlage beigebracht hatte, war er Herr über ganz Northumbrien und Mercien. Bald nach seiner Annahme des Christentums starb er.

In diesen historischen Vorgängen glaube ich genug Motive erblicken zu dürfen, die zur Entstehung unserer Sage Veranlassung gegeben haben mögen, zumal wenn wir noch folgende

---

*) Vgl. Lappenberg, Geschichte von England, I. p. 881 ff.

Gesichtspunkte in Betracht ziehen. Bekanntlich ist man allgemein der Überzeugung, dass die Sage zuerst in der Gegend von Grimsby, Lincoln und Thetford entstanden sein muss; da aber diese Gegenden zu jener Zeit fast nur von dänischen Ansiedlern bewohnt wurden, so glaube ich nicht fehl zu gehen, wenn ich den Ursprung unserer Sage nicht den Engländern, sondern den dort sesshaft gewordenen Dänen zuschreibe. Diese Vermutung wird auch durch den Inhalt der Sage vollkommen gerechtfertigt. Denn meines Erachtens ist die Sage nur entstanden, um einen gewissen politischen Zweck der Dänen zum Ausdruck zu bringen; es erscheint mir unzweifelhaft, dass die Sage die Rechtmässigkeit der dänischen Herrschaft in England beweisen soll. Durch Haveloks Heirat mit Athelwolds (Ekenbrights, Adelbricts) einzigen Tochter Goldborough (Argentille), die während ihrer Minderjährigkeit durch ihren grausamen und habsüchtigen Oheim Godrich (Alsi, Edelsi) ihres väterlichen Erbes beraubt worden war, hatte die dänische Königsfamilie einen rechtmässigen Anspruch auf Athelwolds Reich erlangt. Diesen Anspruch suchte Havelok in gerechter und billiger Weise mit aller Kraft geltend zu machen. Dass er sich dabei aber nicht nur mit dem ihm rechtmässig zukommenden Teile begnügte, sondern auch namentlich des Frevlers Godrichs Herrschaft sich bemächtigte, erscheint als eine ebenso natürliche wie notwendige Folge. In diesem Umstande finden wir zugleich eine weitere Erklärung dafür, dass die Sage Haveloks Herrschaft noch weiter ausdehnt, ihn zum König von ganz England und Dänemark, also zu einem Vorgänger Knuts des Grossen macht. Aus logischer Rücksicht kann unsere Sage der historischen Schlacht bei Brunnanburg nicht gut Erwähnung thun, da ihr Held Anlaf Cuaran mit seinem Schwiegervater Constantin und seinem Vetter Anlaf von Dublin hier von Athelstan schmählich in die Flucht geschlagen wurde; aber auch wenn sie diese Schlacht geradezu zu einem Siege Anlafs gemacht hätte, so wäre dies, wie keltische Sagen vielfach beweisen, nicht der erste Fall, wo die Sage die geschichtliche Thatsache ganz umgekehrt hat.

Was Haveloks Vater anbetrifft, so wird derselbe in dem englischen Lay „Birkabeyn", in den beiden französischen Fassungen der Sage dagegen „Gunter" genannt. Mag nun auch, wie Storm a. a. O. gezeigt hat, Birkabeyn im 13. Jahrhundert der gewöhnliche Beiname eines skandinavischen Königs in England gewesen sein, auf jeden Fall bietet uns dieser Name keinen historischen Rückhalt. Wohl dagegen hat der Name Gunter seine historische Existenz aufzuweisen. Denn in ihm dürfen wir zweifelsohne den dänischen König Godrum, Guthrum oder Gunter vermuten, der (i. J. 875) mit einer bedeutenden Flotte der Dänen in Ostanglien landete und bald darauf ganz Northumbrien und Ostanglien unter seine Herrschaft brachte. Unter ihm erwähnt die Geschichte auch den dänischen Heerführer Hubba, dessen Identität mit dem dänischen Ubbe des englischen Lays keineswegs ausgeschlossen sein dürfte. Gunter, der, wie die Geschichte überliefert, zum Christentum übergetreten war, soll einer von Turner, (Anglo-Saxon History, I. S. 579.) angeführten handschriftlichen Biographie des St. Neot zufolge in Dänemark um das Jahr 890 gestorben sein. Wichtiger für uns jedoch ist die in dem Excerpte der uns übrigens leider unbekannten „Gesta Anglorum" bei Adam von Bremen Lib. II. c. 15 sich findende Notiz: „Anglia autem, ut supra diximus, et in gestis Anglorum scribitur, post mortem Gundredi (al. Gudredi) a filiis eius Analaph, Sigtrich et Reginold per annos fere centum permansit in ditione Danorum." Hieraus ersehen wir, dass die Sage an Stelle von Haveloks Vater Sihtrik, der in der Geschichte nur eine untergeordnete Rolle spielt, seinen historisch bedeutenderen Grossvater Gunter gesetzt hat.

II. Flexions- und Formenlehre.

1. Das Substantiv.

Die ae. Substantivflexion hat in unserem Texte eine bedeutende Vereinfachung erfahren. Die zur ae. i- und u-Deklination gehörenden Substantiva sind fast ausnahmslos zur a-Deklination übergetreten, welche noch allein zum Teil ihre Flexionen bewahrt hat. Ferner wird in dem Geschlechte der starken Declination kein Unterschied mehr gemacht, sondern das Femininum und Neutrum wie das Masculinum behandelt. Dabei haben sich die volltönigen ae. Flexionsvokale alle zu e abgeschwächt.

Der Nom. Sing. lautet vokalisch und konsonantisch aus. Mit Umwandlung von ae. â zu o ist der Auslaut vokalisch geblieben in slo — ae. slâ, to — ae. tâ. Bei allen anderen im ae. mit einem Vokal auslautenden Substantiven hat der volltönende Endvokal sich zu e geschwächt, wie z. B. in trome — ae. truma, stede — stëda, tale — talu, ale — ealu, galle — gealla, ware — waru, shame — sceamu, blome — blôma, wille — willa, sparke — spearca, kare — cearu, welcome — wilcuma, sone — sunu, bale — bealu, name — nama, giue — giefu, mone — mona, swike — swica, cleue — cleôfa, bere — bera, tene — têona, flote — flota, krike — crecca, mele — meolu, necke — hnecca, fare — faru, asse — assa, stake — staca.

Die schon im ae. auf — e auslautenden Substantiva sind unverändert geblieben, wie here, spere etc.

Viele Substantiva, die im ae. konsonantisch auslauten, haben ein — e angenommen, um die Länge des Wurzelvokals zu bezeichnen, wie glede — ae. glêd, wede — wǽd, mede — mêd, rode — rôd, dede — dǽd, quene (aber auch quen) — cwên, ore — âr, speche — sprǽc, pine ae. — pîn, auhte — ǽht, mile — mîl, hwile — hwîl, cote — cot, hire — hŷr, ferlike — fǽrlîc, bride — brŷd, bote — bôt, salue — sealf, blisse — blîss, bode — bod, wrathe — wrâð, hole — hol, schrifte — scrift, arke — earc.

Infolge des Abfalls eines ae. Konsonanten haben im Havelok vokalischen Ausgang angenommen: bodi — ae. bodig, stra — streaw, kne — cnêow, sele — seolh, heu — heow, tre — trêow, sti — stîg, þe — þeoh, youþe — geoguð. In day und wey oder wei ist das ae. g nicht abgefallen, sondern vokalisiert worden, wie die Form dæi deutlich zeigt.

Der konsonantische Auslaut hat eine vom ae. wesentlich abweichende Änderung nicht erfahren: erl, knith, king, prest, clerk, þouth, cloth, oth, cerl, werk, micth. siluer, folc, word, douther, lif, child, heued, auch tel 191, das Skeat im Glossar irrtümlicher Weise mit tâlu identificiert, während es in Wirklichkeit = ae. tǽl ist. Nur wenige Substantiva, die im ae. vokalisch auslauten, haben konsonantische Endung angenommen wie inch — ae. ynce.

Pluralbildung.

Die regelmässige Bildung geschieht fast ausschliesslich durch Anhängung der Endung — es oder — s an den Singular:

wiues 2, erles 137, prestes 33, clerkes 33, werkes 34, wreieres 39, wrobberes 39, theues 41, burwes 55, feteres 82, handes 95, dawes 27, knictes 239, sweynes 371, thaynes 2260, kirkes 2583, writes 136, cloþes 418, belles 242, monkes 243, sauteres 244, oþes 419, cherles 262, gleyues 267, foles 2100, chanounes 360, helmes 2612, heuedes 1907, tunes 397, backes 2611, fishes 882, laxes 896.

barouns 1032, foos 67, castels 252 neben casteles 397, bedels 266, knes 451, paniers 760, wastels 779, tos 898, simenels 779, chaunpiouns 1015, glotuns 2104, thes 1903, wros 68.

Von den vokalisch auslautenden Substantiven hat — es: keyes 1303. boyes 1899, dayes 355, laumprees 897, pastees 644, penies 776.

Ein silbenbildendes e der letzten Silbe wird ausgestossen: sistres 1231, maydnes 2 (aber maydens 2936), doutres 717, castles 1293 (neben castels 252 und casteles 397).

Mit Verdoppelung des Endkonsonanten ist der Plural gebildet: gaddes 1016, swannes 1726, backes 1910, dogges 2440 neben doges 1883 und öfter.

Die Pluralendung — is kommt nur in englis 254 vor.

Von dem romanischen Worte sergent finden wir einen Plural auf—s nur in dem Kompositum grith-sergeans 267; sonst ist im Havelok von diesem Worte die Pluralbildung auf—z, gleichfalls mit Ausfall des t, allein gebräuchlich: sergaunz 1929, serganz 2088, seriaunz 2066. Dieser Pluralbildung begegnet man bei Chaucer ziemlich oft.

Die Pluralbildung auf — en resp. — n findet sich bei: children 348 — ae. cildru, breþren 2413 neben brothers — ae. bróðru, eyen 1340 eyn 2171 und eyne 680 — ae. éagan, siden 371 neben sides 1850 — ae. sídan, cloþen 1233 neben cloþes 2458, ladden 1038 neben laddes 890, shuldren 982 neben sholdres 1647, hosen 860, shon 860, asken 2841.

Mit Umlaut bilden den Plural: men 1 und seine Komposita godemen 1962, bondemen 1016, chapmen 51, heymen 231, bermen 868, gleymen 2329, burgmen 2049, fet 616 (zu fote 101, 113, das nach on als Plural gebraucht wird, vgl. Zupitza, Guy of Warwick, Anm. zu 598; man beachte ferner twel fote 1054 und under fote 1199), gees 702 (zu gos 1240).

Ohne Flexion bilden den Plural die Substantiva der Mass- und Zeitbestimmung:

pund 1633, winter 192 (welches ae. im Sg. masc., im Plural neutral gebraucht wurde wintru, häufiger winter, erst spät auch masc. wintras), siþe 778 neben siþes 213, halue 2682; hierher zu rechnen ist auch fourtenith 2284 und das kollektive folc 89.

Flexionslos sind ferner die Pluralia der Thiernamen: shep 1227, swin 1227, fisch 762 neben fishes 882, hors 1222, neth 1222.

Das schon im Sing. auf — s auslautende burgeis 2466 hat den gleichen Plural burgeys 1328.

Das ae. Neutrum þing scheint in dem Plural þinge 71, þinghe 66 einen Rest der ae. starken Flexion bewahrt zu haben.

Ebenso haben wir in wepne 89, 93, 107 etc. überall einen Plural zu sehen, der schon im ae. nach Sievers (ags. Gram. § 243) teils endungslosen Nom. Acc. Plur. teils — u nach dem Muster der dreisilbigen starken Neutra hat. Möglicherweise haben wir auch hand-dede als Pluralis aufzufassen, vgl. dede in William of Palerne ed. Skeat 3807, 4665.

Als Pluralia tantum begegnen wir galwes 1161 und sheres 857.

In den zusammengesetzten Substantivbildungen hat gewöhnlich das erstere ein — e angenommen, das vielleicht als eine Genitivflexion zu betrachten ist:

heuene — riche 133, heuene king 1937, horse — knaue 1019, milne — hous 1967, dore — tre 1968, herte blod 1819. Die wirkliche Genitivendung — es haben wir in domesday 748, netes flesh 781.

Ohne eine derartige Verbindungssilbe begegnen wir: hand — dede 92, hand — ax 2553, bulder ston 1790.

Casusbildung.

Die Casus werden in der Sprache des Havelok schon zuweilen durch Vorsetzung von Präpositionen gebildet; so wird der Genitiv durch of, der Dativ durch to und til umschrieben. Nichtsdestoweniger hat sich die ae. Flexionsart im Genitiv und Dativ Sing. noch zum grössten Teil erhalten.

Der Gen. Sing. wird mittelst der Endung — es und — s gebildet: þe kinges dowter 258, þe erles kok 880, sum cherles sone 1092, mine wiues 698, a deueles lime 1409, uten — laddes here 2153, a ferþinges nok 820, none kines þinge 1140, mi cokes knaue 1123; ebenso werden die Eigennamen flektiert: Cristes hore 153, godes ore 211, Engelondes blome 63, Birkabeynes sone 2150, Godardes alþer-beste men 2415, Grimes sones 1343, Roberdes broþer 1691.

In unto þe greyues 1749 haben wir einen dem ne. z. B. at the grocer's ähnlichen Gebrauch, vgl. Koch II. § 225.

Die Genitivendung — is findet sich nur in seis 321.

Der Dat. Sing. lautet teils dem Nom. und Acc. Sing. gleich, teils nimmt er die Endung — e an; doch sind sichere Belege dafür selten, da der Nom. und Acc. Sing. ja auch zum grossen Teil auf — e ausgeht. Von den im Nom. consonantisch auslautenden Wörtern giebt es nur wenige, deren Dativ ein solches — e zeigt:

with iuele 50, in hande 1770, to wronge 72, fro londe 721, on boke 487, in boure 239, on liue 281, on flode 1222, on shuldre 604, to bedde 1114, on horse 126, dide maydne shame 83.

Der durch Umlaut gebildete Dativ Sing. hend in wit his hend 505 ist als ein Rest der ae. u = Deklination zu betrachten.

Beachtenswert ist der dem Lat. analog gebildete Acc. Sing. Lazarun (für Lazarum) 331; derselben Form begegnen wir im Guy of Warw. ed. Zupitza: „Lord" — said Guy — „that reared Lazaroun".

Der Genitiv und Dativ Plur. hat keine eigene Flexionen mehr bewahrt. Nur in widuen 79 können wir noch einen Rest der alten Dativendung erblicken.

2. Das Adjectiv.

Die Flexion der Adjectiva hat sich noch mehr abgeschwächt als die der Substantiva. Als einziger Rest hat sich von der schwachen Deklination im Sing. ein — e erhalten, während die starke im Sing. jede Flexion verloren hat. Bestimmte Regeln über die Anwendung beider lassen sich kaum aufstellen, da dieselben fast ebenso oft durchbrochen werden. Im allgemeinen tritt die starke Flexion ein:

a. Im prädikativen Gebrauche des Adjectivs: he was ful god 8, þat was red 1686, he was bold 107, he was strong 960, he was long 987, he was quik and ded 1405, Grim was wis 1421, he was wod 1848, þat is so fayr 1719;

Im Plural: þat gode weren 283, þat weren grene and bleike 470, þat faire wore 717.

Ausnahmen: he was heie 987; im Plural: he weren alle so fawen 2160.

b. Nach dem unbestimmten Artikel: a ful god gome 7, an bold with couel 1144, a ful strong trechery 443, a wol fair cloth 185, a gret ston 569, a long knif 1871, a god tre 1882, a ful yung knaue 2177, a fayr staf 2517.

c. Im attributiven Gebrauche, wenn das Adjektiv ohne Begleitung eines demonstr. oder possessiven Pronomens steht: ghod fey 255, god fyn 22, so god shrede 99, non so god brede 98, wis man 180, fayr man 344, of ful strong line 539, no god mete 1243, gret dine 1860, of god ale 14.

Ausnahmen: of ferne londe 2031, with poure mete 2457, þe kinges oune frende 375, of denshe lond 1403.

d. Wenn das Adjectiv dem Substantiv nachgestellt ist: miracle fair and god 500, gold red 1262, win hwit and red 1729, male with or blac 48, a poke ful and blac 555, with ladde blac and brown 1008, king strong and stark 608, þat croiz so fayr 1268.

In den Fällen c und d hat der Plural ein — e:

gode men 1, gode paniers 760, are dawes 27, stronge kables 710, ricth-wise men 37, harde bondes 143, longe gleyues 267, yunge men 1009, starke laddes 1015, grete dintes 1437, fule þeues 1780, sharpe speres 2322, holde oþes 2816.

Ausnahme: hold oþes 2781.

chanounes gode 360, laddes gode 890, kniues longe 1769, wundes longe and wide 1845, wundes swiþe grete 1898.

Ausnahmen: ores god 711, eyne grim 680.

Die schwache Form tritt ein:

a. Nach dem bestimmten Artikel: þe gode borw 847, Roberd þe rede 1397, þe rithe eyr 289, Hauelok þe yunge 715, þe heye se 719, þe rithe wei 772, þe riche erl 249, þe heye tour 2073, þe grete laumprei 771.

Ausnahmen: þe rith eye 1812, þe rith eir 2235, þe rith arum 2408.

Plur.: þe helde men 2472, þe starke laddes 1024, þe stronge castles 1301; auch wenn das Adjectiv dem Substantiv nachgestellt ist: þe castles stronge 1293, þe laddes wode 1874, þe englishe men 2766.

b. Nach einem personalen, possesiven oder demonstrativen Pronomen:

þu fule man, þu wicke swike 2401, þi fayre fere 1214, þat fule fend 506, þis fayre genge 1735.

Ausnahmen: his rith shuldre 604, his lift side 2130.

Plur.: hise gode werkes 34, mine longe bones 1296, mine gode knihtes 2706.

c. Im Vokativ: louerd dere 1213, dere sone 2170.

Mit Substantiven zusammengesetzte Adjektive begegnen in: stan — ded 1815, spannewe 968, mayden clene 995, hand — bare 766.

Substantivisch sind im Plural gebraucht:

þe halte and þe doumbe 543, heye and lowe 1324, litle and mikle, yunge and holde 2014, riche and poure 237, stille and bolde 2309, stronge and wayke 1012, of þe broune, and of þe blake 1909, þe faderles 75, sibbe an fremde 2277; von Völkernamen: þe danshe 2689, henglishe aut denshe 2945, þe englishe 2566.

Die Participia bleiben in der Regel unflektiert; doch begegnet man ausnahmsweise auch der flektierten Form: Wenestu þat we ben adradde? 1787, with lokene copes 1957.

Ein starker Gen. Plur. von ae. eal hat sich in alþer erhalten, vgl. p. 25 und 33.

3. Das Adverb.

Die Bildung der Adverbia von Adjektiven geschieht auf zwei Weisen:

a. Durch Anfügung von like:
stronglike 135, gladlike 805, shamelike 2462, unkyndelike 1250, noblelike 2640, richelike 421, feblelike 418, fulike 2749, pourelike 323, grundlike 651, wislike 274, soþlike 276, deplike 1417, unornelike 1941.

b. Durch Anhängung von — e:
late 691, sure 2005, heye 43, slike 1157, wide 959, loude 96, longe 172 neben long 842, lowe 2079, smerte 215.

Zuweilen fällt dieses — e ab und die Adverbia lauten ihren Adjektiven gleich: rith 123, mikel 1709, ney 464, last 678, ful 6, long 842.

Von dem Adjektiv hey scheint das Adverb auf drei Arten gebildet zu sein; mit — like in heylike 2319, mit — e in heye 43 und in heyelike 1329 scheinen beide Bildungen vereinigt zu sein.

Beachtenswert sind die mit gate gebildeten Adverbia: þusgate 785, 2419, 2586, hwilgat 836.

Auch verhärtete Kasusformen von Substantiven nehmen adverbialen Gebrauch an; so die Genitive: liues 509, 1003, 1919; der Dativ: þertekene 2878, vgl. Zupitza, Haupts Zs. XIX p. 129; die Accusative: hom (ae. hâm) 557, 682, sumdel 450, sum — del 497, eueri del 1070, euere — ile del 1330, euere — il del 1334, euer — il del 1764, ildel 2909, eueril del 2469, eueridel 1176, no wicht 97, no with 1763, nicth and day 143.

Durch Substantive, mit Präpositionen verbunden, werden einige Adverbien der Zeit gebildet: to — day 426, to — morwen 530, to — morwe 1127, to — nicht 533; ausserdem adverbiale Ausdrücke wie: with iuele 50, bisouþe 2828, adoun 567, adune 2735, at hom 789, at home 822, awey 1390.

Die Ortsadverbia bilden häufig Zusammensetzungen mit Präpositionen: þer — to 4, þertil 396, þer — þoru 1098, þer — fore 776, þer bi 476, þer — with 1046, þer — offe 372, þer — fram 55, þer — after 135, þerof 315, þer — inne 535, herinne 458, þer — biforn 655, hwar — of 2976.

Die demonstrativen Adverbia haben grösstenteils auch relative Bedeutung, wie þer 54, 142, 158 etc.

Als verbale Adverbien begegnen: y woth 653, i wot 1345, i wene 655; vgl. Guy of. Warw. ed. Zupitza, Anm. 1948 und Koch II, § 399.

4. Komparation der Adjektiva und Adverbia.

Unser Gedicht hat die germanische Komparationsmethode noch vollständig bewahrt, Es bildet den regelmässigen Komparativ und Superlativ durch Anhängung der Endung — er, resp. — est.

brith 589 — brithter 2141.
lef 261, leue 431 — leuere 1193.
gret 569 — grettere 1893.
wicth 344 — wicteste 9.
stalworþe 904 — stalworþeste 25.
fayr 111 — fayrest 281.
trewe 179 — trewest 374.
unride 964 — unrideste 1985.

Umlaut zeigt sich in: heldeste 1396 zu dem mehrmals begegnenden Positiv hold, old, der auch einmal im Singular als eld 546 und im Plur. als helde 2472 vorkommt. — hexte 1080 zu hey — strangest 200, 1081 zu strong — lengere 809 zu longe 172.

Unregelmässige Komparation haben:
god 8 — betere 696 — beste 87.
lite 276, litel 481 — lesse 1013 — alþer-leste 1978.
late 691   — laste 1895.

mikel 181, mike 960, mik 2342 } — more 787, mo 1742, mar 1971 } — moste 423, meste 233.

yuele 2755 — werse 1100, 1134.

Der Komparativ wird verstärkt durch mikel: mikel grettere 1893, mikle more 2569; der Superlativ durch alþer, welches ein Rest des ae. Gen. Plur. ealra ist: alþer — beste 1040, 2415, alþer — leste 1978, 2666, alþer — best 720, 1197.

Wie beim Positiv des Adjektivs nimmt der Superlativ gewöhnlich ein — e vor dem bestimmten Artikel an: þe un — rideste 1985, þe heldeste broþer 1396, þe beste man 199, þe beste, fayreste 200, þe moste swike 423, þe meste sorwe 233.

Ausnahmen: þe fayrest wman 281, þe trewest 374, the strangest 200, þe fairest, þe strangest 1081.

5. Die Zahlwörter.

a. Die Numeralia.

1: one 1332; on 425; ane 722.
2: two 350; to 2664.
3: þre 348; þrinne 716; thre 1969.

4: foure 816.
5: fif 213; fiue 213; fyue 1205.
6: sixe 1824.
7: seuene 2125.
9: nine 1010; nyne 871.
10: ten 871.
12: tuelf 192; twelf 787; twel 1054.
15: fiuetene 2979.
16: sixtene 890.
20: twenti 1846; tuenti 259; twent 2352.
40: fourti 2950.
[50: fyfty 46].
60: sixti 1747.
61: sixti and on 1918.
70: sixti and ten 2026.
100: an hundred 1633.
107: suene and an hundred 2126.
500: fif hundred 213.
1000: a thusand 2355; a þhousend 1973; a þousind 2681; a thousande 127.
5000: fiue thusand 2360; fif thusand 2371.

Auffällig und beachtenswert ist die Verbindung sixti and ten 2026, und die Ausdrücke sixti men and on 1918, fif hundred siþes and fiue 213.

Die im ne. sehr gebräuchliche Kontraktion a fortnight findet sich auch schon in unserem Texte mit Ausfall eines n als fourtenith 2284.

Der ae. Geschlechtsunterschied zwischen twegen, twâ und tû ist in unserem Gedichte nicht mehr vorhanden; wir haben: his two breþren 2413, two dayes 865 und hise two doutres 717.

Das in mehreren Formen vorkommende boþe ist von dem an. báðir entlehnt: þe maydnes bothe samen 467, he stirten boþe up to the knaue 599, we aren boþe þine 619, he wile beþe heye hangen 694, berwen boþen ure liues 697, i shal do slou hem baþe 2543, loke þat ye comen beþe 1680. In Verbindung mit and hat es, wie im ne., konjunktionale Kraft.

b) Die Ordinalia.

1: firste 1052.
2: þe toþer 411 (gleich þet oþer, wo þet für at steht.)
3: þridde 867; þredde 2633.
4: ferþe 1810.
5: fifte 1816.
6: sixte 1820.

7: seuenþe 1825.
17: seuentenþe 2559.

Von Multiplikativzahlen ist nur þrie = ae þriwa 730 belegt; sonst werden dieselben mit siþes gebildet: fif hundred siþes and fiue 213, an hundred syþes 2162.

6. Die Pronomina.

a) Personalia.

1. Pers. Sing. Nom.: ic 298; ich 3, 167; ihc 1377; hic 304, 305; i 119, 168; hi 487; y 15, 21,
    Dat. u. Acc.: me 14, 118, 123.
1. Pers. Plur. Nom.: we 18, 328, 457.
    Dat. u. Acc.: us 22, 455; hus 1217, 1409.
2. Pers. Sing. Nom.: þu 486, 527; þou 392, 527; þo 388, 395; thou 846; þw 1316; tow 1322.
    Gen.: þin 1128, 1789.
    Dat. u. Acc.: þe 384, 489, 529.
2. Pers. Plur. Nom.: ye 11, 12, 159.
    Dat. u. Acc.: you 3; yow 160, 912; yw 453.
3. Pers. Sing. Nom.:
    Masc.: he 6, 8, 9; hwe 1878.
    Fem.: she 174, 175, 183; sche 1721, sho 112, 122, 125.
    Neutr.: it 19, 27, 77.
    Dat. u. Acc.:
    Masc.: him 18, 30, 49; hym 30.
    Fem.: hire 172, 173, 182.
    Neutr.: der Dativ ist him 533; der Acc.: it 4, 218, 296; nur einmal begegnet die Schreibweise id 2424.
3. Pers. Plur. Nom.: he 54, 56, 57; þei 414, 1195; þey 1005, 1837; þe 69.
    Dat. u. Acc.: hem 38, 40, 44; ys 1174, as 1174 und — es in dones 970.

In dem Gen. unker = ae. incer hat sich ein Rest des ae. Duals erhalten.

Ebenso ist in v. 1336, der bei Skeat lautet: „Nim in with þe to denemark baþe," nach Zupitza's Conjectur aber zu lesen ist: „Nimin with to denemark baþe" with als Nom. Dual. der 1. Pers. aufzufassen, der allerdings durch das folgende baþe noch verstärkt ist: vgl. Anglia I. p. 471. Über die Etymologie des gewöhnlich nur in Kontraktionen auftretenden Acc. Plur. der III. Pers. es, ys und as vgl. Guest, Ph. Soc. Proceed. I. p. 283 und Mätzner, altengl. Sprachproben I. p. 57 Anm.

Die Personalia sind häufig mit der Verbform kontrahiert: i in haui 2002, biddi 484; þu, dessen þ sich assimiliert, in wenestu 1787, shaltou 1800, shaltu 2180, 2901, wilte 528, 1135, wiltu 681, 905, thenkeste 578, shal-tow 1322, shaltu 2882: it in bi-hetet 677, hauedet 714, hauenet 2005, youenet 1643; us in latus 1772; es in dones 970.

Zur besonderen Hervorhebung des Pron. Pers. dient self: of me self is me rith nowt 123; Louerd, he haueden al awey born his þing, and him-self alto-torn 2021.

In der 1. Pers. Sg. wird self in diesem Falle schon mit dem Pron. Poss. verbunden: Betere is i nime miself 1931; mi-self shal dubbe him to knith 2042; betere is i go miself 2097; I shal mi-self do first þe gamen 2250.

Das Reflexivpronomen wird in unserem Gedichte durch das einfache Pron. Pers. ausgedrückt: and dede him hoslen wel and shriue 212; þe hidden hem alle, and helden hem stille 69; and gat him þere a ferþing wastel 878; ye do you shame 2424. Zuweilen kann-self als Verstärkung hinzutreten: and helpes me and yu-self baþe 2595: herof shal i me self borw be 1667, vgl. Zupitza, Haupts Zs. XIX, p. 127; and bringeth you-self in mikel blame 2425.

b. Die Possessiva.

1. Pers. Sing.: mi, my; mi mede 119, mi douhter 120, my lif 1136.
   In dem Genitiv mine wiues 698 ist uns ein Rest ae. Flexion erhalten.
   Plur.: mine, min; mine children 385, mine oþes 578, min hondes 636.
1. Pers. Plur.: ure, vre, hure; þis is ure eir 606, vre tale 13, hure spelle 338, ure liues 697; hure sistres 1231.
2. Pers. Sing.: þi, þin, letzteres vor Vokalen und h: þi chartre 676, þi mete 852, þin heie 1152, þin eyne 1273.
   Plur.: þine; þine seriaunz al þre 2066.
2. Pers. Plur.: youre, yure; beide werden sing. und plur. gebraucht; youre warant 2067, bi youre red 2211, yure leuedi 171, youre men 2801.
3. Pers. Sing.:
   a) Masc u. Neutr.: his, is, hijs, hiis, hise, hyse, sing. u. plur.: in his time 28, al his micth 35, is ship 735, is man 2254, hise hand-dede 92, hise sone 378, up-on hijs bac 47, up-on hiis gamen 468, hise gode werkes 34, his erles 137.

b. Femin.: hire: of hire bodi 84, bi hire syde 127, of hire frend 326.

3. Pers. Plur.: hire, here, þere; hire kin 393, of here herborn 742, with here gaddes 1016, þere ship 1350.

Absolute Possessiva finden wir in: youre men and youres 2801; þat durste upon his bringhe 65 (wo Skeat nach his „menie" ergänzt; diese Konjektur erscheint mir sehr unnötig, da sich his auf das im vorhergehenden Verse stehende lond bezieht. Zupitza hat daher auch diese Konjektur nicht in sein Übungsbuch aufgenommen.); Denemark shal be þin enereilc del 1330; Englond auhte forto ben youres 2800; kristes ore, and youres! 2798; and me, and mine, hauen in hire hond 295. Louerd, we aren boþe þine 619.

c) Die Demonstrativa.

1. Der bestimmte Artikel ist für alle Genera und Numeri þe, das zuweilen auch the geschrieben wird. Nur je einmal begegnen, wahscheinlich infolge eines Schreibfehlers, die Formen te 87 und se 534. Mit dem vokalisch anlautenden Substantiv erl verschmilzt der Artikel zu einem Wort: þerl 178, 1000.

2. Mit mehr demonstrativer Kraft steht an Stelle des blossen Artikels das adjektivische þat gleichfalls für alle drei Geschlechter: þat stede 142, þat yuel 155, þat greting 166 etc.

Die Schreibweise þet und þa, von der die letztere Form in anderen me. Texten häufiger vorkommt, finden wir nur in þet oþer day 879 und þa wicke man 692.

Der Plural lautet þo und entspricht dem ne. those: þo sixti men and on 1918, þo foule theues 2044.

Substantivische Verwendung findet þat nur in den ihm ae. gleichlautenden Casus, dem Nom. und Acc. Sing. Neutr.:

þat ye mowen nou y-here 11;

þat dede he him sweren 201;

quanne þat was sworn 204, hwan he þat wiste 358.

Ein Rest des ae. Instrumental þȳ ist uns in for-þi 1194, 1431 und neþeles 1108, 1658 erhalten.

3. An Stelle des ae. þes, þeos, þis ist die Neutralform þis für alle Geschlechter getreten: þis oth 260, þis child 532, þis mikel nede 646. Plur.: þise; þise doges 1883, þise leteres 2481.

Substantivisch gebraucht kommt es vor: wat may this bi-mene 1259, hwat may þis be 1312.

4. ae. ylca, ilca begegnet viermal in der schwachen Form als ilke mit voraufgehendem Demonstrativum: þat ilke knaue 1087, þat ilke þrawe 1215, þat ilke wounde 2674, þat ilke day 2887.

5. ae. swilc findet sich mit nachgestelltem unbestimmten Artikel in: svich a king 60, swilk an oth 1118, ausserdem 1625, 2123, 2684, 2783; suilk 644.

Der Plural swilke kommt 1977 vor: he maden him swilke woundes þrinne.

d. Die Relativa.

Als Relativum wird das Demonstrativpronomen þat im Sing. und Plur. sowohl auf Personen als auch auf Sachen bezüglich gebraucht:

þe wicteste man at nede, þat þurte riden 9, 10; a tale þat ich you wile telle 3, til him, that was ful vnbliþe 141, poure þat on fote yede 101, of alle þewes was she wis, þat gode weren 283.

Wie noch im ne. ist das Relativ ausgelassen in: on messe — bok þe prest on singes 391, al the lond he euere awcte 207, þe knictes he micte tristen to 253.

Nur auf Personen bezüglich kommen ausserdem im Nom. who, wo und im Acc. wom vor, die mit folgendem so auch als verallgemeinernde Relativa gebraucht werden = ae. swâ — hwâ — swâ:

Datheyt hwo you henne fle 1799; daþeit hwo it hire thaue 296; datheit wo ne smite sore 1887; wo so it wile here 4; wo so dede hem wrong or lath 76; hwo so mithe putten þore 1033, wom so hire to gode thoucte 197.

Das auf den Inhalt eines vorhergehenden Satzes sich beziehende Relativ ist hwat:

herkne nou hwat me haueth met 1285; þat þu þenke hwat þu him dedes 2393.

c. Die Interrogativa.

Das auf Personen sich beziehende Interrogativum ist: who, wo; hwo haues þe þus ille maked? 1952; wo may yemen hire so longe 172; hwo mithe so mani stonde ageyn 2024. In neutraler Verwendung steht: hwat, wat; Crist, wat shal y don 117, wat is yw 453, loke wat it menes 597, hwat sholde ich with wif do? 1137; hwat is þe lith as þou wenes 598.

Das ae. hwæðer hat seine pronominale Bedeutung verloren und ist sowohl alleinstehend als auch in Verbindung mit or zu einem äusseren Zeichen einfacher und doppelter Fragesätze geworden; im ersteren Falle übersetzt man es am besten durch „etwa". vgl. Koch II, § 575.

weþer she sholde be quen and leuedi ouer me? 292, 293; hweþer sho sholde al engelond, and me, and mine, hauen in hire hond 294, 295; hweþer he sitten nou, and wesseylen, or of ani shotshipe to-deyle 2098 f.

f. Pronomina Indefinita.

1. ae. ân als unbestimmter Artikel lautet vor Konsonanten a, vor Vokalen an: a tale 3, a ful god gome 7, a cuppe 14; an iuel strong 114, an anker god 521, an eld cloth 546.
   Ausnahmen: an mikel sorwe 238, an ful god seyl 711.
2. ae. ǽnig erscheint als ani und wird adjektivisch und substantivisch gebraucht: im ersteren Falle vertritt es häufig den blossen Artikel: on ani stede 10, 26; in ani þede 105; ani shame 1673; hwere mithe i finden ani so hey 1083; yif þat ani were so rang 2561.
3. ae. nân begegnet als non und no, und zwar steht ersteres vor Vokalen, letzteres vor Konsonanten:
   no man 72, no merci 614, no rest 145, no mete 146, no gyue 357, no korn 462, no selcouth 124; non oþer red 518, non oþer mede 685, non oþer king 1122; aber no ioie 2971, non so bold lond 64.
   Substantivisch wird non gebraucht: Ne funde he non that him misseyde 49, þat non durste ben him ageyn 272, þer nou ne micte hem comen to 413. None begegnet einmal: non ne sitten none but wicke men 2103; ausserdem kommt schon ziemlich oft das aus no und man kontrahierte noman vor: 984, 1113, 1114.
4. ae. âwiht ist zu outh geworden: al he solde, þat outh douthe 703; 1189, 1789.
   ae. nâwiht erscheint als nouth: 58, 149, 166, 249, 313, 1280.
5. ae. sum ist als Adjectiv unveränderlich geblieben: sum cherles sone 1092; sum god 797;
   Substantivisch: sum smot with tre, and sum wit ston 1843. Auch im Plural hat sich die Flexionsbezeichnung erhalten: summe of you shal ich drepen 1783, summe putten with gleyue 1844, summe leye in dikes slenget 1923.
   Neutrale Verwendung hat es nur in Verbindung mit del: sumdel 1054, 2306, 2950, somdel 240, sum — del 497.
6. Man und men haben pronominalen Gebrauch; das im me. sonst sehr gebräuchliche me kommt in unserem Texte

nicht vor, vgl. Koch II, § 377. Wie nach man, so steht auch nach men gewöhnlich der Singular: men ringes 390, men micte maken 463, men seyt and suereth 647, men calleth „bise" 724, men nam 900, men may se 1985, men beres 2323, men fetes 2341, men dos 2434, men doth 1840, men birþe 2101; nur selten der Plural: men shulen 747, men haueden 901.

7. ae manig erscheint als mani gewöhnlich ohne Artikel: mani god fish 751, mani god man 851, mani erl, and mani barun 1002; aber mani a ter 285.

Der Plural ist sowohl adjektivisch als substantivisch meistens unverändert: mani children 2934, mani fishes 882, hwo mithe so mani stonde ageyn 2024. Nur zweimal begegnet es in der Form manie: sauteres deden he manie reden 244, for al hise manie grete othes 2459.

8. ae. ôðer hat adjektivischen und substantivischen Gebrauch: non oþer red 518, oþer fe 563, non oþer king 1122, oþer þrinne 761, sixti oþer men 1747, oþre fiue 2413; substantivisch erscheint es nur im Plural in der flektierten Form oþere und oþre: alle þe oþere 1832, þe oþre 1784, 2416.

Mit dem unbestimmten Artikel ist es zu einem Wort verschmolzen: anoþer red 1194, anoþer drem 1304.

Substantivische Bedeutung hat anoþer in 2630, 2653, 2155. Auffallend ist die neutrale Verwendung von anoþer in 1395.

Mit diesem oþer ist nicht ein anderes zu verwechseln, das dem ae. âwðor, âðor identisch ist und in unserem Texte konjunktionalen Gebrauch angenommen hat: and oþer he refte him hors or wede or ... 94; yif me gold oþer fe 674. In dem letzteren Beispiele hat Skeat „and" vor oþer hinzugefügt, eine Ergänzung, die mir keineswegs notwendig erscheint, da oþer hier die Bedeutung von „oder" hat, wie in „wel twelf winter, oþer more" 787.

9. ae. æghwæðer ist eþer, ayþer geworden: gripeth eþer unker a god tre 1882; zusammen mit oþer: þer mouthe men se to knithes bete ayþer on oþer dintes grete 2664 f.

10. ae. nâhwæðer begegnet als neyþer, neyther und noþer und hat in Verbindung mit ne konjunktionale Bedeutung angenommen: neyþer lenge ne þornbake 832, neyþer hosen ne shon 860, neyþer bred ne sowel 1143, neyther knith ne knaue 458, noþer knith ne sweyn 2623.

In seiner ursprünglichen pronominalen Bedeutung kommt es 2970 vor: þat neyþer oþer mithe be.

11. ae. eal.
Im Sing. steht al adjektivisch mit nachgestelltem Artikel oder Pronomen:
al his micth 35, al the lond 207, of al þe rike 290, al mi fe 386.

Im Plur. steht alle mit und ohne Artikel oder Pronomen: alle þe englis 254, alle men 256, of alle þewes 282, alle men 2, of alle þinge 71.

Alleinstehend findet sich der Plural alle: 165, 169, 366, 236, 238.

Substantivisch ist der Sing. al gebraucht: al he solde 703, al he to þe peni drou 705, al þat he þer-fore tok 819, al þat þe king him bad 398. Adverbiale Verwendung hat al in: for al to dede am ich brouth 167; he let his oth al ouer-ga 314; and bouthe him cloþes, al spannewe 968; sho is waxen al to prud 302.

Über alþer vgl. p. 23 und 25.

12. ae. ǽlc erscheint als ilke adjektivisch ohne Artikel:
ilke day 821, on ilke wise 1861, 2959; als il in: il del 818, 2112, 2483, 2514; il man 1740.

Substantivisch kommt es vor in Verbindung mit dem Pron. Pers. und mit oþer; im letzteren Falle drückt es wie im ne. ein reciprokes Verhältnis aus: ilk of you 1442, ilke of you 2996; ilc oþer 1056, ilk on other 1921. Ausserdem begegnet es mit hinzugetretenem -an oder -on in: ilkan 1770, 2357; ilkon 1842, 2108. Die auffallende Form ilker 2352 erklärt Stratmann a. a. O. als Schreibfehler für ilkan.

Das im ae. aus ǽfre und ǽlc gebildete Kompositum finden wir in unserem Gedichte in euerilk fot 2432, euere-il del 218, 1334, 1644, eueri trome 8, eueri del 208; in substantivischem Gebrauch als: euerilkon 1062, 2197, euerilk on 1996, euere-ich on 137.

13. ae. ânlêpe, ânlêpig hat sich erhalten in: onlepi forw 1094, anilepi word 2107.

14. Self in adjektivischer Funktion beim Substantiv (vgl. Koch II, § 334) erscheint: þat god self shulde his soule leden into heuene 245, god self barw him wel 2022, þat god him-selue ran on blode 432.

7. Die Präpositionen.

Die vorkommenden Präpositionen gehen mit einer Ausnahme sämtlich auf das ae zurück: aboute 590, abouten 521, aboven 1700, after 137, ageyn 272, agen 1792, ageynes 2153, ayen 489, amidewarde 872, at 9; bi 27, biforn 231, bifor 157, bifore 2052, bi-twene 1833, bi-twenen 2668, bituene 748, bi-twen 935, buten 149, bute 111; for 34. for to 17, fro 16; in 8, into 139, intil 128; of 3, hof 1976, offe 435, on 10, onne 347, o in: o-londe 763, o knes 2252, o nith 1251, o worde 1349, o mani wise 1713, o bok 2307, wel o bon 2355, 2525, 2571, iuele o bone 2505, o stede 2549; ontil 761, ouer 293, til 141, to 1, þo 395; toward 2138; þoru 627, þorw 264, þoruth 1065, þuruth 52; under 373, up-on 47, vnto 1419, ve-to 1433, ut of 155, out of 724, uth of 1178; with-uten 191, wit-uten 179, with 35, wiþe 1051, withinne 1333. Nur maugre 1128, 1789 (afrz. maugré, malgré) ist der ae. Sprache fremd.

Die Präpositionen gehen dem zugehörigen Worte gewöhnlich vorauf, zuweilen folgen sie ihm auch: we moten comen him to 18; or stede onne ride 347; that is me bi 618; so mikel loue was hem bitwene 2967.

8. Die Konjunktionen.

Sie entsprechen grösstenteils denen der ne. Sprache.

Pronominale Konjunktionen: and, an als Schwächung von and; in der Bedeutung von if kommt and nur 2862 vor. Zweimal begegnet an Stelle des gewöhnlichen and auch die Schreibung ant 36, 557.

Die Negationspartikel ist ne; durch Verdopplung derselben werden beide Sätze einander gleichgestellt (weder — noch): for hem ne yede gold ne fe 44; ne for siluer, ne for gold 73. Doch kann in dem ersten Satze die Negation auch fehlen: he hem cloþede rith, ne fedde 420; þat he mouthe speke ne fnaste 548; vgl. Koch II, § 492 und Zupitza, Haupts Zs. XIX p. 126.

ae. êac kommt als ec, ok und einmal als hok 2711 vor. Über þertekene 2878 vgl. Koch II, § 436; Zupitza, Haupts Zs. XIX p. 129 und Mätzner, Sprachpr. I, 5.

ae. swâ dient als so namentlich zur Verallgemeinerung der Relativa. Die Verstärkung ealswâ ist zu also, als, as geworden und kommt in Vergleichungssätzen, auch in den Verdopplungen also — so, also — als, als — so öfter vor; so as 337 hat concessive Bedeutung.

ae. gif erscheint als yif und if.

Der ae. Instrumental þŷ hat sich erhalten in: for-þi 1194, 1431. Nach Zupitzas Conjectur ist 2578 für forþi das Interrogativ forwi zu schreiben. Auch in neþeless ist ein solcher Instrumental zu erblicken.

Die Demonstrat.: þanne, þan, than, þenne stehen zuweilen an Stelle der Relat: hwan, wan, quanne, quan.

Das Pronomen þat bezeichnet in Verbindung mit wið ein konjunktionales Verhältnis: wið þat (zu dem Zwecke dass, auf dass) 19, vgl. Koch II, § 524; with þat (wofern) 1220; til þat (bis) 174. Für þat begegnet einmal þet 330 und þa 175.

Das ae. þêah ist zu þou und þey geworden. Auffallend ist sein Gebrauch nach Ausdrücken wie „es ist kein Wunder". No selcouth is, þou me be wo 124, vgl. Koch II, § 508, Anm.

Das ae. ǽr begegnet als her, er und or; die vollere Form her þat begegnet nur 229.

ae bûtan ist zu bute, but verkürzt; mit þat verstärkt findet es sich 962.

For steht allein für das ae. for þâm þe 167, 367, 455 etc. Als Konjunktion begegnet sone — sone (sobald als) 1354. Til in konjunktionaler Verwendung findet sich 378, 394 etc. Zu oþer — or vgl. p. 32.

Das Numerale both in Verbindung mit and bezeichnet wie im ne. die Zusammengehörigkeit zweier Satzglieder und begegnet in den Schreibweisen: boþen — and 173, boþe — and 416, and — boþe 430.

Das aus dem ae. Dat. Plur. hwîlum entstandene hwil ist temporale Konjunktion geworden: 301, 363, 538 etc.

9. Die Interjektionen.

Als solche begegnen: allas (afrz. alas) 1655, 1878; daþeit (afrz. deshait) 296, 300, datheyt 1799; weilawei (ae. wâ lâ wâ, ne. wellaway) 462, 570; goddot (= God wot, ae. God wât) 606, 796, goddoth 642, 2543; deus (ne. deuce) 1312, 1650.

10. Das Verbum.

§ 1.

Tempusbildung der starken Verba.

Die me. starke Konjugation unterscheidet sich von der ae. hauptsächlich dadurch, dass von den vier Stammformen der letzteren die zweite und dritte bezüglich ihres Ablautes im Sing. und Plur. Prät. im me. in eine zusammengeschmolzen sind. In unserem Texte sind jedoch noch merkliche Unterschiede zwischen den Plur. und Sing. des Prät. vorhanden; infolgedessen ist in den folgenden Tabellen der starken Verba noch eine Trennung beider Numeri des Prät. beibehalten worden. Die Anordnung der einzelnen Klassen geschieht nach Müllenhof.

Klasse Ia.
(Sievers, ags. Gram. Klasse V; Koch III.)

Praes.	Sing. Prät.	Plur.	Part. Praet.
urgerm. e (i)	a	ê	e
ae. e (i)	æ	â	e
me. e (i)	a	a, e.	e
bidden 529 (ae. biddan), ut bidde 2548.	bad 165.		
gete 147 (ae. gietan), geten 792.	gat 495.	gaten 2934 geten 2898	geten 930.
giue 2880 (ae. giefan), yeue 198, yeuen 531.	gaf 218. yaf 256.	gouen 164 yeuen 1845	giue 2488, youen 294, gyuen 365, yeuen 1250.
forgiue 2718.	forgat 2636, foryat 249.		
eten 791, ete 911, hete 146, heten 317 (ae. etan).	et 656, het 653.		eten 657.
liggen 802, ligge 876, lye 1999, lyen 2134 (ae. licgan)	lay 142.	leye 1923, leyen 475.	
sen 1273. se 232, y—se 334 (ae. sêon).	say 881, saw 476, sau 2410, sawe 473, sowe 1328.	sawe 1187, sawen 2255, sowen 957	sene 656.
site 366 (ae. sittan) with-sitten 1688, at—sitte 2200.	sat 399.	sitten 2098 seten 1768	seten 1788.
speke 113, speken 195 (ae. sprecan)	spak 678.	spoken 372 speken 1068	speken 2369.
þigge 1378 (ae. þicgan)			
wreken 327 (ae. wrecan)			wreken 2868. wreke 1884.
	quath 606, wat 595, hwat 1650, quoth 909, quot 1954, quod 1888, quodh 1800, couth 2606. (ae. cwæð)		

Bemerkungen. 1. Die Erweiterung des Praesensstammes bei bidden, ligge, þigge, sitte beruht auf der Gemination von dj, gj und tj; lye statt ligge ist nach Ten Brink, Chauc. Gram. § 146 als Analogiebildung zu betrachten.

2. Bei quod und quodh ist das d durch den ae. Plural cwǣdon und das statt älterem a stehende o durch Einfluss des vorhergehenden Semivokals zu erklären.

3. Das immer als Part. Praet. betrachtete, aber von dem ae. Adjektiv gesêne herkommende sene ist wie bei Chaucer nur mit dem Hilfsverb to be konstruiert.

4. Dass ae. giefan und gietan einerseits giue, andrerseits gete ergeben, hat bei giue die Assimilation des i an die Palatalis bewirkt, während in gete sich an. Einfluss geltend gemacht hat. Das Part. Prät. youen zeigt Übergang zur Klasse Ib.

5. Das im Havelok vor Vokalen ziemlich häufig vorkommende unorganische h begegnet bei hete ausserdem 457. 641.

6. Zu wreke 1884, 2849, das in unserem Texte im Part. Praet. seinen ae. Ablaut durchweg erhalten hat, vgl. Skeats Glossar, Zupitza Anglia I p. 472 und Stratmann Engl. Stud. I. 424.

7. Zu ut bidde s. Stratmann a. a. O.

Klasse Ib.
(Sievers IV, Koch II).

Praes.	Sing. Praet.	Plur.	Part. Prät.
urgerm. e	a	ê	a
ae. e (i)	æ (a)	ǣ (â)	o (u)
me. e (i)	a, o.	o.	o.
beren 255, bere 805 (ae. beran) forbere 352	bar 557, bore 45. forbar 764.		boren 1878, born 461.
breken 914, breke 1900 (ae. brecan)		broken 1903.	broken 1238.
komen 1001, comen 18, (ae. cuman)	kam 451, cam 899, cham 1873, kom 1309, com 777.	komen 1012, comen 1017, come 2619, keme 1208 (Konj.)	comen 116, cumen 1436, come 2574.
	bi—cam 2254	bi — comen 2257	bicomen 2264.
drepen 1783, drepe 506 (ae. drepan)	drop 2229.		
hile 2082 (ae. helan)			
nime 1981 (ae. niman)	nam 900.	nomen 2790. neme 1207 (Konj.)	nomen 2265. numen 2581.
	shar 1413 (von ae. sceran)		
to-tare 1839 (ae. teran)			to — torn 1948.

Anmerkungen: 1. Nach Sievers (ags. Gram. § 390, Anm. 2) ist nam, eine besonders im späteren Westsächsischen auftretende Form, als eine ae. Neubildung von nôm zu betrachten.
2. Über das Prät. com vgl. Sweet, Anglia III, 152.
3. drepan wird ae. im Part. Praet. auch nach Ia flektiert; im me. begegnet man sonst auch Formen nach der schwachen Konjugation.

Klasse Ic.
(Sievers III, Koch I.)

Praes.	Sing. Praet.	Plur.	Part. Praet.
urgerm. e	a	u	o
ae. e (eo, i)	æ, a, eá	u	o, u
me. e, i	a (u, o)	u	o, u
berwen 697, burwe 2870 (ae. beorgan)	barw 2022		
binden 1961, binde 2049, bynde 41 (ae. bindan)	bond 537	bunden 2436, bounden 2442, unbounden 601	bunden 1428, bounden 545, bunde 2377.
blinne 2367 (ae. blinnan)		blunne 2670	
	brayd 1282 (ae. brægd)		
dinge 215	dong 1147.		dungen 227.
drinken 15, drinke 1728 (ae. drincan)			
fyht 2361 (ae. feohtan)	fauth 1990	fouhten 2661	
finden 1083, finde 2582, fynde 42 (ae. findan)	funde 49	funden 56	funden 1427, funde 2376.
biginnen 21 (ae. beginnan)	gan 2443, bigan 230	bigunnen 1011, bi-gunne 2795	
yelde 2402 (ae. gieldan)			
helpen 648 (ae. helpan)			holpen 901.
	karf 471 (ae. cearf)		
renne 1161 (ae. eornan, iornan)	ran 216		
ringen 242 (ae. hringan)			rungen 1132.
singen 248, singe 2328 (ae. singan)			

swinken 798 (ae. swincan) swinge 214	swank 788		swngen 226.
	sprong 91. warp 1061 (ae. wearp)	sprongen 870.	sprungen 1131.
wrthe 434, worþe 1102, wurþe 2221 (ae. weorðan)			
winne 852 (ae. winnan)			
wringen 1233 (ae. wringan)		wrungen 152	
			wnden 546 (ae. wunden.)

Bemerkungen. 1. brennen, das wie renne auf das an. zurückgeht, hat in transitiver und intransitiver Bedeutung die schwache Flexion. Prät. Plur.: brenden 594, 2125. Part. Prät.: brend 2832, 2841, 2844. Ten Brink, Chauc. Gram. § 141 erklärt diese Erscheinung durch eine schon im älteren me. vor sich gegangene Mischung des intr. starken ae. beornan mit dem trans. schwachen bærnan, wobei die schwache Flexion die vorherrschende wurde.

2. Falls in fyht nicht die 2. und 3. Pers. Sing. Präs. den Wurzelvokal für das ganze Praesens bestimmt haben sollte, so ist der i-Laut nur aus einem allerdings nicht belegten ie zu erklären, das seinerseits aus eo (ae. feohtan) entstanden ist; vgl. Ten Brink a. a. O. § 140, der auch das verwandte Substantiv auf diese Weise erklärt.

3. ringen ist in der me. Sprachperiode zur starken Konjugation übergetreten; das ae. hringan wird schwach flektiert, vgl. Beowulf (Ed. Heyne) 327: byrnan hringdon. Skeat im Etym. Dict. erklärt diese Erscheinung als Analogiebildung von ae. singan.

4. Die Part. Praet. swngen, das im Reim zu dungen steht, und wnden, das mit bounden reimt, bieten abgesehen von ihrer verkürzten Schreibung nichts unregelmässiges.

Klasse II.
(Sievers I, Koch V.)

Praes.	Sing.	Praet.	Plur.	Part. Praet.
urgerm. î	ai		ĭ	i
ae. î	â		i	i
me. ī	òò		i	i

bite 1731 (ae. bîtan)			
abide 1797 (ae. âbîdan)			
driuende (Part.) 2702. (ae. drîfan)	drof 725	driue 1966.	driuen 2599.
glides 1851 (ae. glîdan)			
gripeth 1882 (ae. grîpan)	grop 1776	gripen 1790	
miþe 652 (ae. mîðan) mythe 1278			
riden 10, ride 126 (ae. rîdan)			
rise 723 (ae. rîsan) arise 205 (ae. ârisan)	ros 1955		
	to — rof 1792		to — riuen 1953.
shine 404 (ae. scînan)	shon 2144		
shriue (ae. scrîfan) 212			shriuen 227, shriue 2489.
sike 291 (ae. sîcan)			
smite 1854 (ae. smîtan)	smot 1676, smoth 2654		
			bi — swike (ae. beswicen) 1249.
bistride 2060 (ae. bestrîdan)			
striue 2271			
wite (Imp.) 405 (ae. wîtan)			writen 2481.
þriue 280 (an. þrífa) thriue 514.			

Bemerkungen 1. striue vom afrz. estriver ist eins der wenigen Lehnwörter, die starke Flexion angenommen haben.

In unserem Falle liegt Analogiewirkung von driue vor. Vgl. Chaucer C. T. 1040: for wiþ þe rose colour strof hire hewe. Ancren Riwle, ed. Morton 398: Asaeles swiftschipe, þet strof wið heortes ouervrn. Schwach flektiert begegnet es William of Palerne 4099: & striued stifli with hire - self. Life and Martyrdom of Thomas Beket (ed. Black, London 1845) 1576: And strivede for holi churche. Ausserdem im King Alisaunder (ed. Skeat) 2870. In unserem Texte ist es nur einmal im Inf. Praes. belegt.

    2. ae. belîfan ist im Havelok schon zur schwachen Konjugation übergetreten; das Prät. bi-lefte begegnet 2963.

Klasse III.
(Sievers II, Koch VI).

Praes.	Sing. Praet.	Plur.	Part. Praet.
urgerm. eu (û)	au	u	u (o)
ae. êo (îo) û	êa	u	o
me éé (ou)	èè	èè, (o) u.	o
bede 1665 (ae. bêodan)	bede 668.	beden 2774.	
ut — bede 2548.			
brouke 1743 (ae. brûcan)			
chesen 2147 (ae. cêosan)		chosen 372.	
cleuen 917 (ae. clêofan)	clef 2643.		
crepen 68 (ae. crêopan)			
fleye 1791 (ae. flêogan)	fley 1305.		
fle 492 (ae. flêon)			
flete 522 (ae. flêotan)			
			forloren 580, forlorn 770 (ae. forloren)
leye 2010 (ae. lêogan)			
			loken 429, lokene 1957 (ae. locen)
rewe 497 (ae. hrêowan)			

rowte 1911 (ae. hrûtan)		
	shof 871 (ae. scêaf)	
		scuten 2431, schoten 1864, shoten 1838 (ae.scuton).
supe 1765 (ae. sûpan)		

Bemerkungen. 1. Im Praet. Plur. ist der bei cêosan im ae. vorhandene grammatische Wechsel aufgegeben, während er sich im Part. Praet. forloren von ae. forlêosan erhalten hat.

2. Infolge des Wechsels zwischen auslautendem h und inlautendem g mögen sich flêogan und flêon gemischt haben; jedoch hat dabei das ae. flêon in unserem Texte schwache Flexion angenommen. Das Prät. begegnet im Sing. fledde 1431 und im Plur. fledden 2416. Möglicher Weise aber ist dieses schwache Verbum auf ein allerdings nicht belegtes ae. flêdan zurückzuführen.

3. Für ut - bede 2548 hat die Hs. ut bidde. Statt dessen liest Stratmann die erwähnte Verbesserung, welche auch wegen des folgenden Reimwortes stede anstandslos anzunehmen ist.

4. supe 1765 halte ich für das ae. sûpan; soupe 1766 dagegen, welches im Reim zu dem frz. ioupe steht, mag von dem frz. souper abgeleitet als schwach zu betrachten sein.

5. ae. hrêowan ist zur schwachen Konjugation übergetreten; das Prät. rewede begegnet 503.

Klasse IV.
(Sievers VI, Koch IV).

Praes.	Sing.	Praet.	Plur.	Part. Praet.
urgerm. a	ô		ô	à
ae. a	ô		ô	a
me. a	oo		oo	a
drawe 1297 (ae. dragan)	drow 942, drou 705, ut-drow 1794, up-drow 932, with-drow 498, wit-drow 502.		drowen 1887	drawen 1769. ut-drawe 1802. al-to-drawen 2001.
faren 264, fare 51 (ae faran) ouer-fare 2063. for-sake 2778 (ae. forsacan)	for 2382		foren 2380	forfaren 1880.

graue 613 (ae. grafan)			grauen 2528.
lauhwinde 946 (Part) (ae. hliehhan)	low 908.	lowen 1056	
slo 512 (ae. slêan) slou 2543	slow 1807 slou 501.	slowen 2427, slowe 2432	slawen 1928, slowen 2414, slawe 1803, slayn 1428.
	shop 1101 (ae. scêop)		
stonden 689, stonde 2024, standeth Präs. Sing.) 321 (ae. stondan) under — stonde 2814	stod 277. under — stod 1760.	stoden 1037, stode 889. umbistode 1875.	
sweren 201, suere 189, swere 487 (ae. swerian)	swor 398.	swore 2013.	sworen 439, sworn 204, swor 2378. for—sworen 1423
taken 518, take 409 (an. taka) ouer — take 1856 wade 2645, wede 2387 (ae. wadan)	tok 114. ouer—tok 1816, under—tok 664. wex 281 (ae. wêox)	token 1194. taken 1833.	taken 260. waxen 302.
waken 630 (ae. *wacan) washen 1233 (ae. wascan)	wok 2093.		waked 2999.

Bemerkungen. 1. Nach der schwachen Flexion sind gebildet die Part. shaped 424, schaped 1647 und waked 2999. Beide erklären sich vielleicht aus Verwechslungen mit den ae. schwachen Verben sceapian und wacian. Das schwache Verb wakne = ae. wæcnian begegnet 2164.

2. Die von ae. slêan gebildeten Participformen slawen und slaya gehen auf ae. slagen resp. slægen zurück; vgl. ten Brink, Chauc. Gram. § 151; Schüddekopf, Sprache und Dialekt des me. William of Palerne, p. 64.

3. Das Part. von ae. swerian, dessen e im Praes. auf i = Umlaut beruht, weist schon im ae. o statt a auf.

4. Das Verbum taken geht auf das an. taka, tôk, tekinn zurück.

5. Das Praet. wex erklärt sich aus der ae. Form wêox, die gewöhnlich die Stelle des regelrechten wôx vertritt; demnach ist ae. weaxan in die V. Ablautsreihe übergetreten.

6. wadan begegnet merkwürdiger Weise zweimal 2387 und 2641 in der Form wede, die durch den Reim mit stede gesichert ist. Hohmann a. a. O. p. 2 führt dieselbe auf ein älteres wædan zurück. Ich vermute, dass wede garnicht zu wadan gehört, sondern das ae. wêdan ist.

Klasse V.
Die ursprünglich reduplizierenden Verba.

Die im ae. durch den Ablaut des Praet. ê und êo sich unterscheidenden zwei Klassen reduplizierender Verba fallen in unserem Texte in eine zusammen, da sowohl ae. ê als auch êo im me. zu ē wurde; im Falle einer Verbindung mit folgendem w tritt nur im Inlaut die Schreibung ew, dagegen im Auslaut die Schreibung eu ein.

Praes.	Sing.	Praet. Plur.		Part. Praet.
bete 1899 (ae. bêatan)		beten 1876		bet 1916.
blawe 587, blowe 913 (ae. blâwan)				
falle 39 (ae. feallan)	fel 351	fellen 1303, felle 2656		fallen 2658.
bifalle 2981 (ae. befeallan)	bifel 824			
fonge 768 (ae. fôn)				
	under-fong 115			
gangen 370, gange 796 gongen 855, gonge 1185 ouer-gange 2587 (ae. gangan u. gongan)				
growen 1167 (ae. grôwan)	greu 2333	grewe 2975		

graten 329 (ae. grǽtan, an. grata) grotinde (Part.) 1390 hangen 335, hange 2046 honge 2807 (ae. hôn)	gret 615	greten 164	graten 241, igroten 285.
halde 2308, holde 1171 (ae. healdan)	held 61, hel 109	helden 69	halden 2806, holden 29.
	bi-hel 1645 with-held 820	bihelden 2148	
	hew 2729 (von ae. hêawan)		alto-hewen 2001.
	bi-hetet 677 (ae. behâtan)		hoten 106, bihoten 564.
knawe 2785, knewe 1402 (ae. ge-cnâwan)	kneu 2468	knewen 2149	knawed 2057
laten 328, late 1657 (ae. lǽtan)	let 314, leth 252		laten 240.
lepe 2193, loupe 1801 (ae. hlêapan)	lep 891	lopen 1896	
slepen 2108 (ae. slǽpan)	slep 1280	slepen 2128	
welde 129 (ae. wealdan)		wepen 152 (von ae. wêpan)	

Bemerkungen. 1. Mehrere ursprünglich zu dieser Klasse gehörende Verba sind zur schwachen Konjugation übergetreten; ae. drǽdan begegnet im Prät. Plur. als dredden 2289, dredde 2568, im Part. Prät. als drad 1669. Von ae. ondrǽdan kommen die Participformen adred 1258, adrad 278, odrat 1153 und adradde 1787 vor. Von ae. *cnâwan ist nur das Part. Prät. knawed schwach flektiert. Ae. lâcan, das als layke 1011, leyken 950, leyke 469 erscheint, hat im Prät. Plur. leykeden 954; ae. rǽdan, in den Formen rede 104, rathe 1335 und rothe 2817 begegnend, hat das Praet. radde 1353.

2. Bihetet ist eine Kontraktion aus bihet it vgl. p. 28.

3. Das an Stelle des ae. fôn vorkommende fonge dürfte nach ten Brink, Chauc. Gram. § 131 vielleicht auf das mndd. fangen zurückzuführen sein. Dagegen ist hangen nebst den angeführten Nebenformen in intr. Bedeutung als eine Ver-

mischung des starken ae. hôn und des schwachen ae. hangian zu erklären. Das von dem letzteren abgeleitete, in dem Inf. hengen und hangen vorkommende Verb ist in unserem Text nur trans. gebraucht.

4. Das 2348 stehende het ist nach Zupitza Anglia I p. 472 aller Wahrscheinlichkeit nach in hec zu verbessern.

5. Loupe, das durch den Reim mit coupe gesichert erscheint, ist vielleicht aus dem ae. hlêapan so entstanden, dass für den Diphtong ea zunächst der Monophtong ê eintrat, der sich dann zu æ, â und schliesslich zu ô gestaltete, für welches ou geschrieben wurde. Wahrscheinlich aber haben wir es hier mit einer direkten Ableitung aus dem an. hlaupa zu thun, das in gleicher Weise wie sein Reimwort coupe aus dem an. kaupa gebildet ist.

6. Das in hel und bi-hel fehlende d ist auf die Thatsache zurückzuführen, dass in vielen me. Hss. ein auslautendes d öfters nicht geschrieben wird; vgl. Skeat, William of Palerne, Note zu 261.

§ 2.
Tempusbildung der schwachen Verba.

Die im ae. vorhandenen drei Klassen der schwachen Verba sind in unserem Texte bereits auf zwei beschränkt. Von den zur ae. Klasse I a gehörenden Verben, deren i des Ableitungssuffixes im Praet. als e in der Endung — ede erscheint, ist kein einziges mehr anzutreffen. Dagegen haben die ae. Verben der II. Klasse, die ihr Praet. und Part. Praet. mit dem Bindevokal o bilden, denselben sämtlich in e verwandelt und somit die Stelle der I a Klasse eingenommen.

Die ae. Klasse I b, welche die Verben mit ursprünglich langsilbigem Thema und dem kurzsilbigen auf cc, dd, ll, tt umfasst und das i des Suffixes abwirft, hat sich zum grössten Teil erhalten, bildet also auch in unserem Text Prät. und Part. ohne Bindevokal. Wir teilen demnach die schwachen Verba in zwei Klassen:

I. Schwache Verba, bei denen die Endung des Prät. und Part. vermittelst eines Hülfsvokals an die Wurzelsilbe tritt.

II. Schwache Verba, bei denen dies ohne Hülfsvokal geschieht.

Klasse I.

Zu dieser Klasse gehören die ae. Verba der II. Klasse und der grösste Teil der in dem Gedichte vorkommenden romanischen Verba.

Das Prät. wird mittelst der Endung — ede gebildet: louede 30 — ae. lufode; makede 403 — ae. macode; likede 1165 — ae. lícode; þankede 2189 — þancode; answerede 1111 — andswarode; lokede 679 — lôcode; hatede 1188 — hatode; trowede 382 — trêowode; sparkede 2144 — spearcode; woundede 2742 — wundode; rorede 2438 — rârode; crakede 568 — cracode; sparede 898 — sparode; crauede 633 — crafode; liuede 2044 — liofode; dubbede 2314 — dubbode.

Im Plur. steht die Endung — eden: woundeden 2429 — ae. wundodon; ansuereden 176 — andswarodon; loueden 955 — lufodon; tirneden 603 — tyrnodon.

Von den im ae. noch nicht vorkommenden und grösstenteils aus dem an. stammenden schwachen Verben sind folgende Prät. zu nennen: knelede 482; cloþede 420; uncloþede 659; hungrede 654; deyede 231; totede 2106; greyþede 706; wantede 712; gouleden 164; unkeueleden 601; sprauleden 475.

Von den aus dem afrz. entlehnten Verben kommen im Prät. vor: doutede 708, spusede 2887, criede 2501, seysed 2931, preyede 211.

Das auslautende e der Endung — ede, welches in anderen me. Texten schon sehr häufig abfällt, hat sich in dem unsrigen noch zum grössten Teil erhalten. Abgefallen ist es nur in: quaked 135, þanked 2843, hated 40, seysed 2931.

Bei Verben mit vokalisch auslautendem Thema tritt oft Synkope der Endung — ede ein; so kommt neben deyede die Form deide 402, neben preyede die Form preide 209 und der Plur. preyden 153 vor.

Das Part. Praet. wird mit der Endung — ed gebildet: maked 23 — ae. macod; hanged 1102 — hangod; spared 1240 — sparod; gadred 2577 — geadrod; werewed 1915, wirwed 1921 — (a) wyrgod; kraked 1238 — cracod; herborwed 742, tilled 438, to — tused 1948, parred 2439, cloþed 971, þarned 1687, greyþed 714, greþed 2003, hosled 364, hoseled 2598, osed (für hosed von an. hosaðr) 971, scabbed 2449 und die im ae. zur Klasse I b gehörenden: drenched 520, deled 1736, heled 2039.

Von Verben frz. Abstammung sind belegt: al to-brised 1950 (afrz bruiser), spused 1175 (afrz. espouser), strangled 640 (afrz. estrangler), payed 184 (afrz. paier), seysed 2513 (afrz. seisir).

Statt der Participendung — ed finden wir — et in: grethet 2615 (von an. greiða), slenget 1923 (von an. slöngva), spuset 1266 (von afrz. espouser).

Die Endung — ede begegnet nur bei heþede (mit parasitischem h für eþed stehend) 551, welches nach Zupitza Anglia. I. p. 469. von einem allerdings noch nicht belegten ae. ǽðan abzuleiten ist und die Bedeutung „in Eid genommen, schwören lassen" hat.

Einige Verba, die im ae. zur Klasse Ib gehören, sind in diese übergetreten: dwelleden 1189 (ae. dwealdon), felede 67 (ae. fêlde), dremede 1284 (ae. drêmde), yemede 975 (ae. gêmde).

Bei manchen Verben dieser Klasse tritt nach Ausstossung des Bindevokals, stattgefundener Assimilation und Vereinfachung der Gemination Syncope ein:

Prät.: cladde 1354 — ae.* clâðode; made 38 — ae. macode.
Part.: mad 1329 — ae. macod; troud 2338 — ae. trêowod, wenn die von Stratmann Engl. Stud. I. p. 424 für croud vorgeschlagene Änderung richtig ist. Dieselbe hat sehr viel Wahrscheinlichkeit für sich, zumal wir in unserem Texte neben trowe 1656 auch den Infinitiv tro 2862 finden.

Klasse II.

Zu dieser Klasse gehören die im ae. der Klasse Ib angehörenden Verba und einige der dem frz. entlehnten Verba.

Die Endungen treten hier ohne Hülfsvokal an den Stamm; demnach endigt das Prät auf — de: ferde 287 — ae. fèrde, mis-ferde 1869, leyde 50 — legde, birde 2761 — gebỳrde, kalde 884, das ae. aber ceallode lautet, filde 933 — fylde, wende 524 — wênde, seyde 117 — sægde, sǽde, misseyde 49, herde 496 — hîerde, preide 209, (von afrz. preier), demden 2820 -- dêmdon, brenden 594 vgl. p. 39 Anm. 1.

Das Part. Praet. endigt auf — d: leyd 408, seyd 1281, seid 1786, misseyd 1688, herd 1275, feld 1824, demd 2488, brend 2832, shod 971; aber giueled (für gefilled stehend) 814. Skeat erklärt dieses „giueled" durch „piled up" und sagt im Glossar weiter. „The O. Fr. gavelé means piled up, heaped together. To gavel corn is to put it into heaps, and a gavel is a heap of corn. But this may very well be derived from gable, since a heap takes the shape of a peaked end of a house; and the O. Fr. term is probably originally Teutonic, and connected, as gable is, with Mœso — Goth. gibla, a pinnacle, with which compare German giebel, Du. gevel, and hence our word would be taken from a verb givelen, to pile up. The fish in Havelok's basket would be what the Dutch call gevelvormig, or formed like a gable, or like the peaked end of a stack of hay or corn, whence the author's expression — giueled als a stac, piled up in the shape of a stack". Diese Er-

klärung kann ich für keineswegs zutreffend halten. Die betr. Verse 813 ff. lauten in der Hs.:
„And cast a panier on his bac,
With fish giueled als a stac."
Ich glaube, dass die Schwierigkeit, die der letzte Vers giueled bietet, nicht in giueled, sondern in stac zu suchen ist. Denn giueled steht unbedingt für gefilled, stac dagegen scheint mir ein offenbarer Schreibfehler für sac zu sein. Demnach interpungiere ich:
„And cast a panier on his bac,
With fish giueled, als a sac."
und übersetze: Und warf einen mit Fischen gefüllten Korb wie einen Sack auf seinen Rücken.

Durch das Zusammentreffen des — d der Endung mit dem Endkonsonanten des Stammes ergiebt sich eine Reihe von Modifikationen der Wurzel- und Endsilbe. Derartige Erscheinungen sind hauptsächlich:

1. Übergang der Media der Endung zur Tenuis
a) nach t:

Inf.	Praet.	Part.
	citte (kelt. Urspr.) 942.	
puten 1051, putten 1033	putte (kelt.: Urspr.) 1052	but 1916.
	mette 1810	met 1285.
sette 2671 (ae. settan)	sette 266	set 162.
plette 2444 (ae. plættan)	plette 2626	plat 2755.
casten 519 (an. kasta)	caste 556	cast 813.
kesten 81	keste 2449	keste 2611.
laste 538 (ae. læstan)	laste 2949.	
liften 1028 (an. lypta)	lifte 1806.	
b) nach p:		
kippe 894 (an. kippa)	kipte 1050.	
	clapte 1814 (von an. klappe).	
	kepte 879 (von ae. clepan).	
c) nach s:	kiste 1279 (von ae. cyssan).	
d) nach nd:		
sende 523 (ae. sendan)	sente 1133	sent 1005
aber auch das Prät. sende 136.		
shende 1422 (ae. scendan)	sheate 2749	aber Part. shend 2845.
Dagegen		
wende 1346 (ae. wendan)	wende 1820	wend 2138.
	tinte 2023 (von an. tyna).	

f.) nach r:

Praet. girde 2922 (ae. gyrdan) — Part. girt 2385; ebenso die Prät. garte 189 und gart 1001; dagegen lautet das von ae. sparrian abgeleitete Part. sperd 414 und sperde 448.

2. Vor mehrfacher Konsonanz erfährt der ursprünglich lange Vokal des Praesens Kürzung, wodurch zuweilen auch Veränderung des Wurzelvokals bedingt ist:

e) nach n:

In spen 1819 ist das — t jedenfalls abgefallen, vgl. p. 46 Anm. 6. Aber wene 655 (ae. wênan) hat wende 524.

	grette 452 (von ae. grêtan)	gret 22 90, i-gret 163.
	hidden 69 (von ae. hŷdan)	hyd 1059.
lede 549 (ae. lædan	ledde 785	led 2827 und ledde 2987.
festen 82 (ae. fæstan)	fedde 420	fest 144.
fede 100 (ae. fêdan		fed 657 und fedde 2986.
þriste 2019 (an. þrŷsta)		þrist 638.
	spede 1634 (ae. spêdan)	spedde 756.
	kid 1060 (von ae. cŷðan)	
shride 963 (ae. scrîdan)		schrid 978.
coupe 1800 (ae. ceapian)		keft 2005.
reue 2590 (ae. rêafian)	refte 94	reft 1367.
welches im ae. zur II. Klasse gehört.		
cloþe 1188 (ae.* clāðian)	cladde 1344.	

§ 3.
Unregelmässige schwache Verba.

Der sogenannte Rückumlaut mehrerer ae. Verba hat sich auch in unserem Texte bewahrt bei:
telle 3 (ae. tellan) — tolde 2015 — told 776, tolde 1172.
selle 704 (ae. sellan) — solde 699 — sold 775.

Falls der Stamm mit einer Gutturalis endigt, tritt — th oder ht als Endung an; ausserdem findet meistens Diphthongierung des Wurzelvokals statt:

	lauthe 1673, laute 744	lauth 1988.
	(von ae. læccan)	bouth 883.
beye 53 (ae. bycgan)	bouthe 875	
	southe 1085 (von ae. sêcan)	
bringe 72 } (ae. bringan.)	brouth 84	brouct 513
bringhe 65	broucte 332	brouth 57.
	brouthe 778	browth 2052.
	broute 2868	brouht 1979.
		browt 58.

Falls Stratmanns für lete 92 vorgeschlagene Konjektur tete = ae. têhte richtig ist, ist auch diese Form als von ae. tǽcan stammend hier zu erwähnen.

Das dem ae. wyrcan identische wirchen hat ausserdem in den vorkommenden Partizipformen Metathese erfahren: wrouth 1352, wrowht 2453, wrouht 2810.

Das ae. þencan und þyncan wird in unserem Text mit einander verwechselt. Das letztere begegnet zweimal im Prät. Sing. als thoucte 197 und þoucte 256 und wird im ersten Falle unpersönlich gebraucht, während im zweiten Falle das Pronomen him durch ein Versehen des Schreibers in die nächste Zeile geraten zu sein scheint, vgl. Skeat, Anm. zu 257. Die von þencan vorkommenden Formen im Praet. sind: þoucte 504, thoucte 691, þouthe 443, thouthe 790, þouthte 1073, þowthe 1869. Das Part. begegnet nur in þouth 312.

§ 4.
Unregelmässige Verba.
I.
a. Das Verbum Substantivum.

Inf. ben 19, be 170; die erste Form ist die häufigere, denn sie begegnet bis zum 1000. Verse 11 mal, die zweite dagegen nur 5 mal.

Praes. Sing. Ind.: I. am 167.
          II. art 527.
          III. is 5, beth 1260, bes 1744.
Praes. Ind. Plur.: I. aren 464.
          II. aren 161, are 1778, ar 1881.
          III. aren 1146, are 1778.
Praes. Conj. Sing.: III. be 124
    „   „   Plur. I. ben 1787.
Imp. Sing.: be 683.
  „ Plur.: bes 2246.

Praet. Sing: I. was 571.
II. wore 684.
III. was 6.
Praet. Plur.: weren 57, were 355, wer 1004, woren 448,
wore 237, ware 400.
Praet. Conj. Sing.: I. were 133.
III. wer 1097, were 77, wore 1035.
„   „   Plur. III. wore 258.
Part. Praet. ben 226, be 2799.

Die von der Wurzel bheu abgeleiteten und als solche schon im ae. in futurischem Sinne gebrauchten Formen kommen als beth 1260, 1261 und bes 1744, 2007 in der 3. Pers. Sing. in. futurischer Bedeutung vor.

Kontraktion mit der Negation ne findet sich in: nis 462, 1998, 2244, 1720; mit dem Pron. hit in: his 279, 1931, 1973, 2692, 2580.

b. do. (ae. dôn)

Inf.: don 117, do 17.
Praes. Sing.: II. dos 2390.
III. dos 1913, doth 1876.
Praes. Plur.: III. don 1838.
Praet. Sing.: I. mis-dede 1371.
II. dedes 2393.
III. dede 29, dide 83, misdede 337.
Praet. Plur.: III. deden 242, diden 70.
Imp. Sing.: do 1335; undo 1771.
„   Plur.: dos 2592.
Part. Praet.: don 550, do 1373; misdo 2798.

c. go (ae. gân)

Inf.: gon 113, go 125; ouer-ga 314.
Praes. Sing.: II. mis-gos 2707.
„   „   Conj. II. go 850.
Praet. Sing. I. yede 2904.
III. yede 6; wente 1919.
„   Plur. III. yeden 889, yede 101; un-bi-yeden 1842.
Imp. Sing.: go 584.
„   Plur.: goth 1780.
Part. Praet.: gon 848.

Ausserdem wäre Stratmanns Konjektur ga we an Stelle von sa we 338 zu erwähnen; dieselbe erscheint jedoch sehr zweifelhaft, da ga an keiner anderen Stelle im Havelok begegnet, sondern stets nur go.

Das Praet. wente gehört eigentlich zu dem auch in unserem Texte 1820 und 2845 im Prät. allerdings noch als wende vorkommenden schwachen Verbum wendan.

II.
haue (ae. habban)

Inf.: hauen 78, haue 297.
Praes. Sing.: I. haue 119, haui 2002.
II. haues 688, hauest 848.
III. haues 1952, haueth 804, hauet 564.
Praes. Plur.: I. hauen 1227, haue 457.
II. haue 2984.
III. hauenet (= hauen et) 2005.
Praes. Sing. Conj.: III. haue 426; hawe 1188.
Imp. Sing.: haue 491.
Praet. Sing.: III. hauede 90, haued 336, hauedet(=hauede it) 714.
„ Plur.: III. haueden 181, hauede 2000, aueden 163.

III.
a. Praeterito-Praesentia.
1. may (ae. mæy)

Praes. Sing.: I. may 791.
II. mayt 852, mait 689, mayth 641, maght 1348.
Praes. Plur. I. moun (ae. mugon) 460.
III. may 427, moun 2587.
Praes. Conj. Sing. I. mowe 675.
II. mowe 2074.
III. mowe 175.
„   „   Plur. II. mowen 11.
Praet. Sing. I. mithe 1083.
II. mithest 855, mithe 1218.
III. micthe 42, micht 72, mith 720, micte 232, mithe 1030, mowcte 210, mouthe 829, moucte 704, mouchte 147.
Praet. Plur. III. mithen 1929, micte 538.
Praet. Sing. Conj. III. micte 327, moucthe 376, mouthe 378.
„ Plur. Conj. III. mouhte 2549, mouthen 1183.

2. shal (ae. sceal)

Praes. Sing. I. shal 168, schal 21, sal 628, shol 1782.
II. shalt 392, shal 685, shaltou 1800, shaltu 2180.
III. shal 118.
Praes. Plur. I. sholen 621, shole 562, shul 328.
II. sholen 1127, shulen 731, sule 2419, wo Stratmann wule vermutet.
III. sholen 1231, shulen 747, shole 1324.
Praet. Sing. I. sholde 298.
II. sholdest 2712.
III. sholde 190, shulde 198.

Praet. Plur. III. sulde 2835, sholden 441, sholde 1834, shulden 140.

3. ae. þearf.
Praet. Sing. III. þurte 10.

4. kan (ae. can)
Praes. Sing. I. kan 160.
          II. canst 846; cone 622 (Conj.)
          III. kan 104.
Praes. Plur. III. kunne 435.
Praet. Sing. III. couþe 93, cowþe 1854.
Praet. Plur. III. kouþen 369.

5. ae. dear.
Praet. Sing. III. durste 65.
  „   Plur. III. dursten 1866, durste 2127.

6. wot (ae. wât)
Inf. wite 367.
Praes. Sing. I. wot 1345, woth 119.
          II. wost 527.
          III. woth 2527.
Praes. Plur. I. wot 2803 (doch ist das davorstehende we der Grammatik gemäss höchst wahrscheinlich in he zu verwandeln, und wot daher III. Pers. Sing.)
          II. witen 2208, wite 2808.
Praes. Sing. Conj. III. wite 694.
Imp. Sing. wite 1316.
Praet. Sing. III. wiste 115.
  „   Plur. III. wisten 1183, wiste 2142.
Part. Praet. wat 1674.

7. owe (ae. âg, âh)
Inf. awe 1292 (mit lowe reimend)
Praes. Sing. I. owe 1666.
Praet. Sing. I. auht 2173.
          III. aucte 2787, awcte 207, auhte 2800 aute 743.

8. ae. dêah.
Praet. Sing. III. douthe 703.

9. mote (ae. môt)
Praes. Sing. I. mote 1743.
  „   Plur. III. moten 18.
Praes. Sing. Conj. III. mote 19.

IV.
ae. willan.

Praes. Sing. I. wille 169, wole 494, wile 3.
II. wilt 532, wilte 528, wiltu 681.
III. wile 352.
Praes. Plur. I. wile 1236.
II. wilen 732.
III. wilen 1345.
Praes. Sing. Conj. II. wile 2862.
Praet. Sing. I. III. wolde 798, 100.
„ Plur. III. wolden 514, wolde 269.

§ 5.
Die Flexionen der starken und schwachen Verba.

1. Der Infinitiv.

Man kann im allgemeinen drei Bildungsarten des Infinitivs im Havelok unterscheiden:

a. Die ae. Infinitivendung — an ist zu — en abgeschwächt: drinken 15, comen 18, speken 195, beren 255, faren 264, wreken 327, yeuen 531, helpen 648, drenchen 583, eten 791, cleuen 917, demen 2467.

b. In den meisten Fällen hat sich als ein Rest dieser alten Endung nur ein — e erhalten: calle 38, bynde 41, fynde 42, fare 51, ride 126, suere 189, dinge 215, shriue 212, loke 376, knele 1320, rore 2496, wade 2645 etc.

c. Endungslos, wie im ne., erscheint der Infinitiv: do 17, go 125, se 232, fle 492, slo 512, handel 586, sei 570, sho 1138, til 1348, mak 1441, tel 1732, slou 2543, þrist 2725, tro 2862.

Einige dieser Verba bilden den Inf. auf alle drei Weisen: tellen 2741 — telle 3 — tel 1732, welch letztere Form, da sie im Reim zu dwelle steht, in telle zu ändern ist, þristen 1152 — þriste 2019 — þrist 2725, maken 29 — make 445 — mak 1441.

Das schliessende n hat sich unter Ausstossung des e allein bewahrt in: gon 113, don 117, leyn 718, sen 1273.

Die Endung — on findet sich nur in hoslon 362, das aber sonst als hoslen 212 etc. begegnet, hier ausserdem nicht im Reime steht, also wohl ein Schreibfehler des Schreibers ist.

Mit dem Praefix y erscheinen die Infinitive: y-lere 12, y-here 11, y-se 334.

2. Praesens Indicativi.

1. Pers. Sing.

Die Endung ist fast durchgehends — e: liue 301, brouke 311, wene 655, ete 793, preie 1440, bi-seche 1626, seye 1895, sende 1933, nime 1931, leye 2010, yeue 2051, speke 2079, bede 2172, sayse 2518.

Dieselbe ist abgefallen in: get 511, se 1340, et 1879, spek 2079.

2. Pers. Sing.

Als Endung erscheint — est und — es: louest 1663, sest 534, seyst 2008; sittes 1316, getes 908, wenes 598, lokes 2726, semes 2916, slos 2706; bei vokalisch auslautenden Verben hat also Kontraktion des e stattgefunden.

Mit dem Pron. ist die Verbform verschmolzen in: thenkeste 578, wenestu 1787, shaltou 1800, shaltu 2180.

3. Pers. Sing.

Dieselbe hat hauptsächlich zwei Endungen, die ohne Unterschied in dem gleichen Verhältnis vorkommen.

a. Wir finden — eth in: woneth 105, helpeth 166, standeth 321, blinneth 329, liggeth 330, hungreth 455, yeueth 459, suereth 647, eteth 672, calleth 724, dereth 648 etc.

b. Die Endung — es begegnet in: þenkes 306, ringes 390, singes 391, longes 396, houes 582, menes 597, makes 1167, biddes 1232, glides 1851, comes 1767, leues 1781, þarnes 1913, þinkes 2169, stondes 2240, fetes 2341, sendes 2392, etes 2036 etc.

Nach beiden Arten gebildet kommen vor: eteth 672 — etes 2036, standeth 321 — stondes 2240.

Die Endung — t begegnet nur in seyt 647; — et nur in hauet 564. In liþ 673 haben wir die Endung — eþ zu erblicken, nur dass eine Kontraktion des vokalischen Auslautes mit dem e der Endung stattgefunden hat.

Pluralis.

Der Plural endigt gewöhnlich auf — en und — e.
en: goulen 454, dwellen 1058, louen 1347, comen 1680, biginnen 1779, wesseylen 2098; aber sen 168 und 1217. e: wone 1325, wende 1440, deme 2476, binde 2583, brenne 2583.

Endungslos erscheint der Plural in fle 1799 und ber 2557.

Kölbing in Amis und Amiloun, Einl. p. XXXI Anm. 1 sagt: „Es ist allerdings zweifelhaft, ob nicht auch Pluralformen auf — s im Haveloc anzunehmen sind, vgl. v. 390, 2323,

2341 und ausserhalb des Reimes v. 2581." Diese von Kölbing angeführten Belege haben mit Ausnahme des letzteren alle das unbestimmte Pronomen men zum Subjekt vgl. p. 31. Wenn nun dieses auch im Havelok zweimal mit dem Plur. (vgl. p. 31) verbunden vorkommt, so scheint mir dies noch kein genügender Beweis dafür, dass die angeführten Formen auf — s ebenfalls pluralisch sind, zumal ja auch in anderen me. nicht dem Mittellande angehörigen Texten men sehr häufig mit dem Sing. verbunden vorkommt, man überdies die Endung — th in men doth 1840 ebenfalls als eine pluralische erklären müsste. Was aber das letzte von Kölbing angeführte Beispiel betrifft, so ist, wie Zupitza Anglia I, p. 472 gezeigt hat, der Sing. utenladdes here Subjekt und haues daher regelrechte 3. Pers. Sing. Praes.

Brandl im Anz. f. d. A. X. p. 332 hat diese Verbformen auf — s ohne weiteres für Pluralformen erklärt und sagt a. a. O.: „das — s der 3. Pers. Praes. Plur. im ostml. Havelok ist wohl als Einfluss des nördlichen Dialekts in einem Gränzdistrikt zu erklären." Dass diese Erklärung einer allgemeinen Verständlichkeit entbehrt, hat schon Kölbing a. a. O. ausgesprochen.

3. Praesens Conjunctivi.

Im Sing. erscheint fast durchgehends —e als Endung: yeue 22, suere 388, wone 247, lese 333, thaue 296, yerne 299, werne 926, under-stonde 1159, ouer-fare 1378, þenke 2393, take 2874.

Nur zweimal begegnet —en: dwellen 1351, wreken 544.

Der Plural endigt ebenfalls auf —e: seye 2487, nime 2600. Falls die von Zupitza zu 1336 vorgeschlagene Lesart richtig ist, wäre auch die dann allerdings hier allein begegnende Endung —in in nimin zu erwähnen.

Beachtenswert ist das nachgestellte Pronomen in: nime we 2600, sa we 338 und nimin with 1336.

4. Imperativ.

Sing.

Derselbe ist teils flexionslos, teils hat er die Endung —e: fil 14, ris 584, lith 585, et 925, sit 922, prey 1343, cum 2064, yeld 2717; leue 334, wite 405, warie 433, take 446, loke 597, make 676, bi-leue 1228, herkne 1285.

Plur.

Als Flexion ist hauptsächlich die westmittelländische und nördliche auf -- es vertreten; die mittelländische auf eþ ist seltener. es: nimes 2594, comes 1798, bicomes 2303, liþes 1400, lokes 2240, folwes 1885, helpes 2595. eþ: yeueþ 911.

Ausserdem findet sich — eth in gripeth 1882, cometh 2247; — et in herknet 1, einfaches — s wegen des auslautenden Wurzelvokals in slos 2596. Das d in spared 2813 beruht wahrscheinlich auf einem Schreibfehler und ist dafür spares zu schreiben.

5. Participium Praesentis.

In den vorkommenden Fällen ist die südliche Form auf — inde am meisten belegt; die mittelländische Flexion auf — ende begegnet nur einmal in driuende 2702, ebenso die nördliche auf — ande nur in gangande 2283. Die erstere kommt vor in: starinde 508, fastinde 865, lauhwinde 946, plattinde 2282.

Die Verbalsubstantiva erscheinen ausnahmslos in der Form auf — ing: greting 166, sobbing 234, siking 234, wringing 235, drawing 235, louerdinges 515, sembling 1018, putting 1057, spusing 1164, dwelling 1352, beginning 13, wrastling 2324, reding 2327, harping piping 2325, skirming 2323, hunting 2382, dreping 2684, wissing 2902, coruning 2948, ioying 2949; puttingge 1042, buttinge 2322, ioynge 2087, spusinge 2888, endinge 3001.

6. Praeteritum.
a. der starken Verba.
Sing.

Die 1. und 3. Person erscheint ohne Endung; nur sehr selten tritt ein — e hinzu:
bore 45, sawe 473, sowe 1323.

Die 2. Person ist nur zweimal belegt und hat in beiden Fällen die Endung — e:
bede 668; toke 1216.

Plural.

Als Flexionen treten — en und — e auf. Allerdings bieten die anzuführenden Verba nur Belege für die III. Person; doch dürfte von dieser aus ein Schluss auf die beiden ersten Personen berechtigt sein.

en: chosen 372, leyen 475, rungen 1132, gripen 1790, drowen 1837, scuten 2431. bunden 2506, fouhten 2661, beden 2774, stoden 1037.

e: umbistode 1875, sawe 1187, neme 1207, leye 1923, swore 2013, come 2619.

b. der schwachen Verba.

Sing.

In der 1. und 3. Person fällt das — e der Endung zuweilen ab:
gart 1001, stirt 398, cast 813, kipt 2407, þanked 2843, seysed 2931.

Die 2. Person ist nur viermal belegt; sie endigt dreimal auf — es und einmal auf — est:
feddes 2907, reftes 2394, claddes 2907; leidest 636.

Plur.

Er endigt gewöhnlich auf — en:
preyden 153, seyden 176, stirten 599, setten 1211, maden 1039, herden 2216.

Zuweilen ist — n abgefallen:
seyde 382, stirte 2609, plette 2613.

7. Participium Praeteriti.

a. der starken Verba.

Die gewöhnliche Endung ist — en; doch kommt auch eine verkürzte Form vor, indem die Verba mit ursprünglich kurzsilbiger auf r auslautender Wurzel gern das e der Endung synkopieren:
dungen 227, holpen 901, eten 657, geten 930, sprungen 1131, funden 1427, bunden 1428, broken 1238, seten 1738, writen 2481, driuen 2599; ferner born 461 neben boren 1878, forlorn 770 neben forloren 580, sworn 204 neben sworen 439 und to-torn 1948; ausserdem ist — e synkopiert in slayn 1428.

Manche Verba werfen zuweilen das — n der Endung ab: wreke 1884 neben wreken 2368, come 2574 — comen 116, slawe 1803 — slawen 1928, shriue 2489 — shriuen 227, bunde 2377 — bunden 1428, funde 2376 — funden 1427.

Adjektivische Flexion hat das Part. lokene 1957; zu sene 656 vgl. p. 37.

Endungslos erscheint das Part. in: bet 1916, swor 2378.

Mit dem Praefix y (i) begegnet nur: igroten 285.

b. der schwachen Verba.

Die gewöhnlichste Endung ist — ed, wobei das — e zuweilen abgeworfen wird und das — d gewissen Modifikationen unterliegt.

Ausserdem erscheint die Endung — et in slenget 1923 und grethet 2615, — eth in weddeth 1127 neben wedded 2770 und in beddeth 1128.

Ein — e ist hinzugetreten in heþede 551; ohne jede Flexion erscheint sey 2993.

Die Praefixpartikel y (i) findet sich in i-gret 163 und i-miaked 5.

Über den Dialekt des Lay of Havelok the Dane.

Soweit mir bekannt geworden ist, haben alle Gelehrten sich bis jetzt einstimmig dahin ausgesprochen, dass Havelok den Dialekt des östlichen Mittellandes vertritt. Dieser allgemeinen Ansicht soll hier nicht etwa gegenübergetreten werden, sondern vielmehr derselben auf Grund der vorstehenden Flexions- und Formenlehre, die bisher noch keineswegs Gegenstand einer genügenden Erörterung war, eine möglichst unumstossbare Stütze gegeben und die Dialektsbestimmung zu einem entscheidenden Abschluss gebracht werden.

In Bezug hierauf sind aus der Formenlehre folgende charakteristische Punkte von Wichtigkeit:

1. Das Pron. Pers. der I. Pers. begegnet sowohl in der südlichen Form ich als auch in der nördlichen und mittelländischen i und y; hic, das des öfteren vorkommt, ist eine speziell ostmittelländische Form, ebenso ihc, eine im King Horn vorherrschende Form.
2. In der III. Pers. Sing. des Fem. wechselt die auch dem Norden charakteristische Form sho mit der dem östlichen Mittellande zu jener Zeit noch allein eigenen Form she und sche vgl. p. 27.
3. Die III. Pers. Sing. Neutr. findet sich in der auch im nördlichen Dialekt vorhandenen Form it; dagegen kommt das südliche und westmittelländische hit nicht vor.
4. Der Nom. Plur. der III. Pers. hat grösstenteils die nur im Ostmittellande auftretende Form he und nur zum geringen Teile die nördlichen und westmittelländischen Formen þe, þei und þey.
5. Der Dat. und Acc. Plur. der III. Pers. hat mit dem südlichen und westmittelländischen Dialekt die Form hem gemein. Die Acc. — es in dones 970 und ys, as 1174 sind eine besondere Eigentümlichkeit des ostmittelländischen Dialektes; vgl. Sturzen-Becker, Some Notes on the leading

grammatical Characteristics of the principal Early English Dialects, Copenhagen 1868, p. 47.
6. Der Gebrauch von þo als Plural des Demonstrativums ist ebenfalls nur dem Ostmittellande eigen, vgl. Sturzen-Becker p. 54; desgleichen die Erscheinung des Pron. Indef. men mit folgendem Sing. des Verbums vgl. p. 27 56 und 57.
7. Das ae. Pron. Indef. ǽlc erscheint als ilke (vgl. p. 33) nur im ostmittell. und nördlichen Dialekt.
8. Die II. Pers. Sing. Praes. hat die Endungen — est und es; die erstere ist auch dem südlichen, die letztere dem nördlichen und westmittelländischen Dialekt eigen.
9. Die III. Pers. Sing. Praes. ist im gleichen Masse durch die südliche Endung — eth und die mittelländisch-westliche — es vertreten. vgl. p. 56.
10. Der Plur. Praes. auf — en und — e weist das Gedicht den mittelländischen Dialekten zu.
11. Im Part. Praes. ist sowohl die südliche Endung auf —inde, als auch die mittelländische auf —ende und die nördliche auf —ande vertreten, vgl. p. 57.
12. Infinitivendungen auf —i, die dem südlichen und westmittelländischen Dialekt eigen sind, hat unser Gedicht nicht aufzuweisen.
13. Als plurale Imperativendung begegnet sowohl die nördliche auf —es, als auch die südliche auf — eth.
14. In der II. Pers. Sing. Praet. ist die Endung — est und — es der schwachen Verba als ostmittelländisch zu betrachten, vgl. p. 58.
15. Das bei manchen Part. Praet. als — i auftretende ae. Praefix — ge spricht gegen den Norden.

Aus dieser Untersuchung ergiebt sich, dass die Mundart der Handschrift, in welcher uns der Havelok überliefert ist, auch auf Grund der Flexions- und Formenlehre dem ostmittelländischen Sprachgebiete zuzuweisen ist.

Vita.

Verfasser dieser Arbeit, Paul Wohlfeil, Sohn des 1886 verstorbenen Rentiers C. Wohlfeil, evangelischer Confession, wurde den 1. März 1865 zu Berlin geboren. Seine Schulbildung erhielt derselbe auf dem Sophien-Realgymnasium in Berlin, welches er von Michaelis 1872 bis Ostern 1885 besuchte und mit dem Zeugnis der Reife verliess. In seinem ersten Semester widmete er sich auf der Kgl. Technischen Hochschule zu Charlottenburg dem Studium der Architectur, welches er jedoch schon im nächsten Semester aufgab, um von da an auf der Universität Berlin neuere Sprachen zu studieren. Am Anfange des Wintersemesters 1889/90 liess er sich daselbst exmatrikulieren, um sich auf Grund der vorliegenden Abhandlung bei der philosophischen Fakultät der Universität Leipzig um Verleihung der Doktorwürde zu bewerben.